カルト村の子守唄

高田かや

文藝春秋

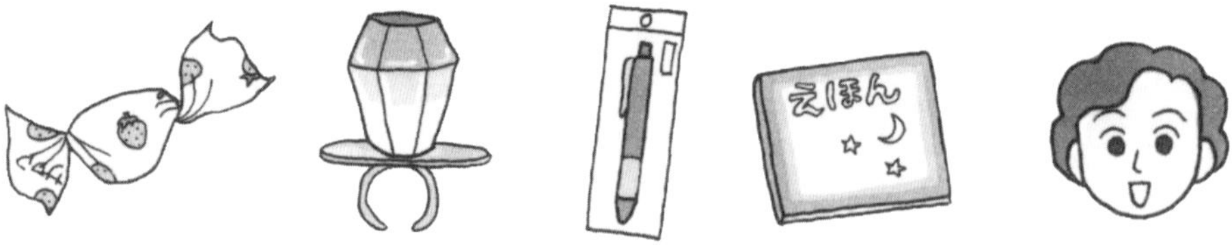

もくじ

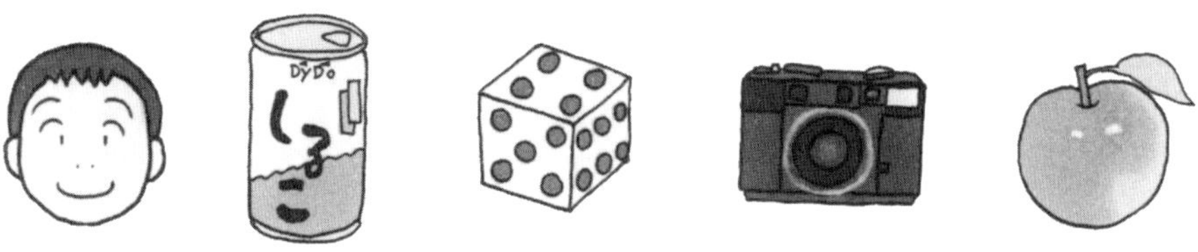
DyDo
しるこ

プロローグ
こんにちは高田かやです
みなさまいかがおすごしでしょうか
夫のふさおでーす
これまでに私の生まれ育った農業共同体「カルト村」の話を2冊描きました
高田かや さよなら、カルト村。
高田かや カルト村で生まれました。
3冊目の『お金さま、いらっしゃい!』も村を出た後の話だから
そう考えるとシリーズは3作だね
関連本?
お金さま いらっしゃい!
本を出版した直後から
親子を離すなんて!!
世話係がひどすぎる!!
親は何を考えて村に入ったの!?
カルト村で育つとこんな子供になるのか
かわいそう
怖すぎw
食への執念が異常
洗脳
たくさんの感想をいただきましたが
いや、赤ちゃんの頃は毎晩親と一緒だったから結構普通の暮らしで…
世話係さんも私のいた村の人がずば抜けて怖かったってだけで…
異常に頑固でひねくれ者の私と比べて他の子たちはもっと健全だったと思うんだけど…
読んでいるとなんだか村の思い出の全体像を描ききれていないのが申し訳なくて

小学校に上がる前の頃の村はもっと自由で
親子の時間も多かったしクリスマスとかのイベントもあったんだよね
記憶はおぼろげだけどやっぱその頃のことも描いておきたいなぁ
こうして両親にも当時の話を聞き補足してもらいつつ幼少期の思い出を描き始めてみたのだけれど
なにぶんとても小さい頃の話なので
子供特有の支離滅裂な思考を説明したところで大人には理解不能だろうし
今まで以上に変な子だったって思われないかな
思考も感情も未発達で
でも私に限らず子供って皆こんな感じでしょ…？
自分が子供だった頃を思い返したら分かってもらえると思うんだけど…
でも大抵はかやちゃんみたいに詳細に覚えてないけどね…
ということでこれは人一倍頑固で根にもつタイプの小さな女の子が
ごく自然に時には執念で記憶した
私は絶対に今の気持ちを忘れないまま大人になるんだ
ある小さな村のお話です

誕生
私が生まれたのは村の近くの日赤病院
村で出産する訳じゃないんだね
結婚して1年後待望の第一子を授かった母は
ふう
ふう
母子センター
出産予定日が近付き母子センターへ入院
陣痛来たらボタン押してくださいね
はい
痛っ…
来たかも陣痛…
でもいくら押しても誰も来なくて
ポチ
ポチ
ポチ
ポチ
ポチ
ふーっ
ふーっ
ポチ
ポチ
ポチ
大変!!
誰か!!
センターの助産師さんたちが気付いた時にはお腹の赤ちゃんはすっかり弱っていて
ピーポー
ピーポー
ここでは手におえないと救急車で日赤病院まで運ばれて出産
赤ちゃんは?
別の部屋の保育器だよ
母はなぜか赤ちゃんに会わせてもらえなくて

だめだったんだよね
ひとりめの赤ちゃん…
産まれたけどすぐ死んじゃったの でも母ちゃんには言えなくて…
お乳を出そうと張ってしまった胸に氷を当ててお乳を止める処置をされて…
隠し切れないよね
出産日から1週間後 父は母に事実を伝えた
母子センターの呼び出しボタンが壊れていたという今なら医療ミスで大問題になるような話だった
せめて出生届を出して戸籍に残そう
「死産届」だと名前が戸籍にのらない
この子がいた証が欲しい
こうして父は出生届と死亡届を提出
それから1年と4ヶ月たったある日曜日の朝
オギャー!!
今度は初めから日赤病院
3,600gの女児が誕生!!
どっしり
命名 かや
かやちゃんは「次女」だったんだね
そう、そして姉と私の名前は父が好きだったマンガから付けられたんだって!
妹はネタ切れで母が付けたらしい

退院した母に連れられ村へやって来た赤ん坊
おかえり―――
お…重っ…
こうして私の村での人生が始まった――
ここで「村」のおさらいを…
このかやちゃんのご両親が暮らしていた「村」とは農業を基盤にしたコミューン団体だよね
基本的に物は共有で「お金のいらない平和な社会」を目指した人たちが共同生活をしながら暮らす村で
当時はまだ村の規模も小さく村人も少人数で
酒・タバコ・テレビ・漫画・ゲーム・朝食・子供が親と暮らすこと全てOK!!
特に禁止事項もなく大らかに暮らしていた
へー後々NGになることが全部OKだったんだね
うん
だからという訳でもないけど、とても楽しい幼少期だったよ

村の保育所

保育所と周辺の村
小学校
かや両親の住む村
学育(のちの初等部)
がある
保育所まで車で1時間
駐在さんの
おうち
保育所まで車で10分
村の果樹園
みよちゃん両親が
住む養鶏場
保育所まで車で5分
村を行き来
する車
お墓
保育所がある村
(両親の村から毎日通う)
奥の細道
図書室
食堂
お風呂
トイレ
物置
プレイルーム
玄関
廊下
砂場
備品室
昼寝部屋
中庭
多目的ルーム
プール
本部の保育所
東海地方にある

赤ちゃん時代
赤ちゃんが産まれるとまずはしばらく親が付ききりで世話をするの
仕事の配置も赤ちゃんの世話がしやすいよう配慮される
まわりの村人も声をかけあって子育てをサポートする
朝
昼
夜
なんだか親だけでなく村人全員で赤ちゃんを育てる雰囲気だね
この頃のことは
体格が良すぎて乳児健診の時裸なのに男の子と間違えられて
赤ちゃんの時から便秘だったよな
毎晩足動かして便秘体操させて
それと肩が外れやすくてなー一度ボットン便器に落ちた時も手を引っぱったら肩が外れて…
親から聞いても記憶がない
というか記憶なくて良かったー!…
2歳くらいまで親と一緒にいて、その後は村の保育所へ通う
くらいってことは決まりはないの?
うーん、まだ村の統一ルールがはっきりしてなくて、各々で子供の様子も見つつ判断する感じだったようで…
親が保育所のある村で暮らしている子は乳児の頃から預けられることもあったりして
お乳の時間にお母さんが保育所まで授乳に来る
保育所に入る年齢はバラバラだった

保育所時代
保育所へ行くようになると日中は毎日保育所へ行って夜は親元へ戻るの
※一般の保育園と違うのは村の保育所には「休み」がなかったことかな
保育所では他の子や世話係さんと過ごす
朝
昼
夜
へー365日通うのか
でもそれ以外は普通の保育園と変わらなそうだね
※村以外のことをこう呼ぶ
当時私の住んでいた村の周囲には保育所のある村の他小規模の村が点在していた
かや親の村
生産物
・卵
・牛乳
数家族の村
生産物
・鶏肉
1家族だけの村
生産物
・卵
果樹の村
生産物
・ぶどう
・梨
半径20km
大人だけの村
生産物
・豚肉
保育所のある村
生産物
・卵
畑もあったけど各村で食べる分くらいの野菜しか作ってなかった
人手が必要な作業がある時にはそれぞれの村から人が集まるの
大人だけの村や1家族だけの村もあったのか
「村」というより農家の寄り集まりに近い感じだな

かや(2歳)の1日
朝6時
親の部屋で目覚める
むくり
ジリリ
…
(親はもう労働中)
ひとりで着替えて宿舎の前に停まっているワゴン車へ乗り込む
よっこいせ
他の子供たちも一緒
道すがら各村へ寄りそこで暮らす子供をピックアップしつつ
全員揃ったら村人の運転で保育所のある村へ移動
ほい 着いたぞ みんな降りてー
はーい
保育所
小1時間で保育所へ到着
世話係さんのお出迎え
みんな
おっはよー!!
おはよー
おはよー
世話係のけい子さんは明るく朗らかな人で「けい子おかあさん」と呼ばれていた
保育所のある村に住む子は親と一緒に徒歩でやってくる
おはよう
まずはうがい手洗い!
本読んでー
あのね今日僕ねー

7時半
子供が全員揃ったら ぐるりと輪になり 朝のミーティング
じゃあ始めるよ
まずはみんなで歌をうたおう
はーい!!
こんな小さな頃から「ミーティング」…
まぁ学校の「朝の会」みたいなものだけど何かと輪になるのは村の特徴かもね
8時
遊ぶ
とんとんとん ご飯を作りまーす
はーい 今日のご飯はなんですか?
11時
昼食
赤ちゃんには大人がマンツーマンで食べさせる
この頃から食事は1日2食
14時
お昼寝の後 庭で遊んだり お散歩したり
お散歩行こうかー
村のすぐ横に松尾芭蕉の歩いた奥の細道がありそこが散歩の定番コースだった

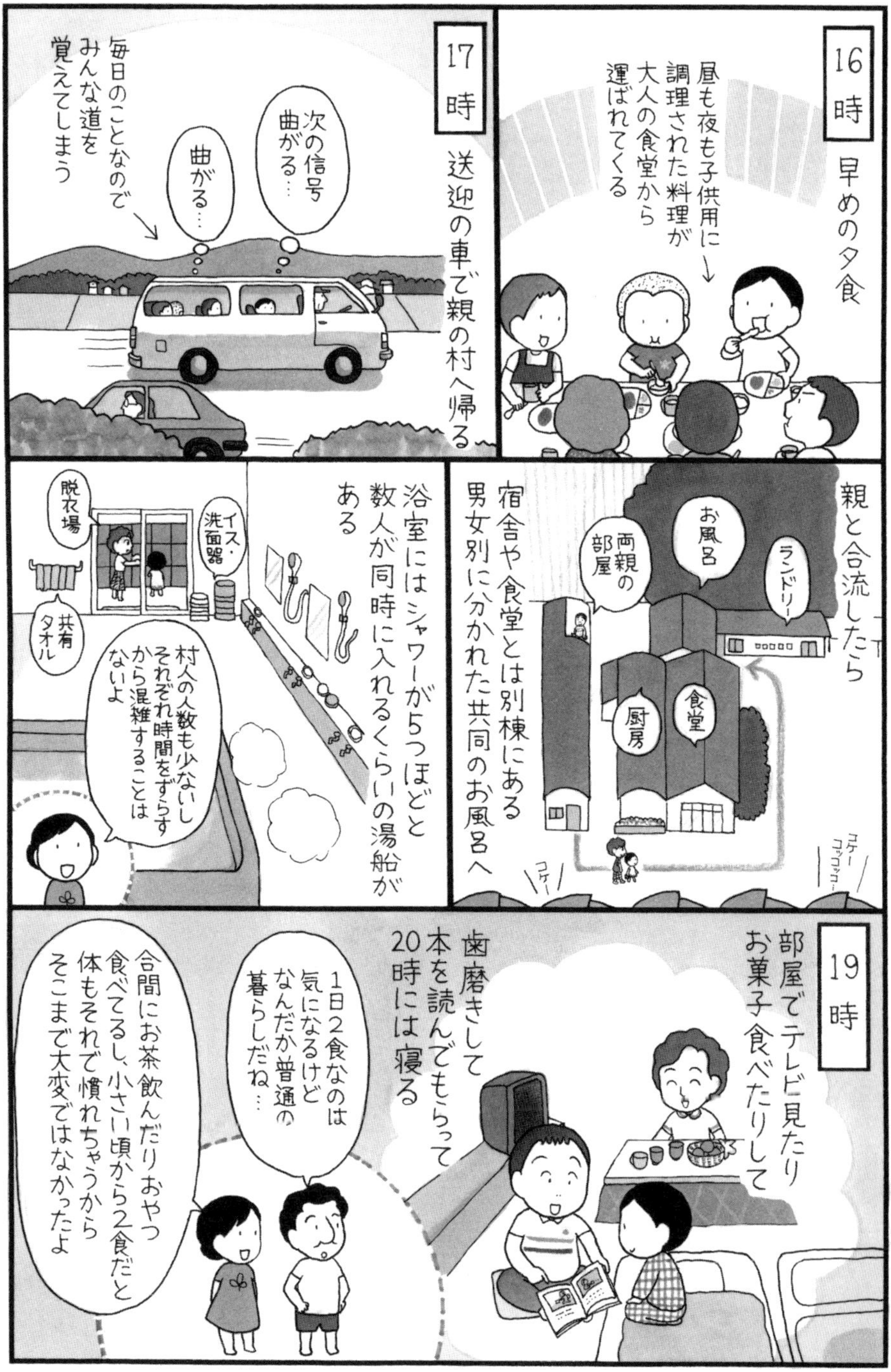
16時
早めの夕食
昼も夜も子供用に調理された料理が大人の食堂から運ばれてくる
17時
送迎の車で親の村へ帰る
次の信号曲がる…
曲がる…
毎日のことなのでみんな道を覚えてしまう
親と合流したら
ランドリー
お風呂
両親の部屋
食堂
厨房
宿舎や食堂とは別棟にある男女別に分かれた共同のお風呂へ
コケーコッコッコ…
コケー
浴室にはシャワーが5つほどと数人が同時に入れるくらいの湯船がある
イス・洗面器
脱衣場
共有タオル
村人の人数も少ないしそれぞれ時間をずらすから混雑することはないよ
19時
部屋でテレビ見たりお菓子食べたりして
歯磨きして本を読んでもらって20時には寝る
1日2食なのは気になるけどなんだか普通の暮らしだね…
合間にお茶飲んだりおやつ食べてるし、小さい頃から2食だと体もそれで慣れちゃうからそこまで大変ではなかったよ

母を探して三千里?
私が1歳半を過ぎてひとり歩きできるようになった頃には両親とももう通常の職場に戻ってたんだって
ふたりとも養牛してたなら朝も早かったんじゃない?
そうそうそれで朝早く目が覚めた時部屋に誰もいないもんだから
ひとりで外へ出てランドリーの前で泣いてたらしい
ランドリー?洗濯場か
村のランドリーは両親の部屋からも近く
朝一番に動き出すので騒がしい
ジャバージャバー
ゴウンゴウン
びええええええ
あらあら
かやが来た
そこなら確実に人がいるって知ってたみたいで
毎朝その洗濯場の前で泣いてアピールして
お母さん養牛行ってるから
戻ってくるまでここで待ってなよねっ?
ランドリー部の村人になだめられ居場所を確保
グス…
大人の人がいる所へ行って安心したかったんだろうね
これは母に聞いた話で私が覚えているのはこれより少し後からなんだけど

成長しランドリーに行ってもそこに母がいないことを学んだ私は
シーン…
朝、目が覚めると
2歳くらい
ヒクッ
泣きながら一路
母のいる養牛部を目指した
コッケコッコー
うぇぇぇぇ〜
おかあちゃ〜ん
ズラリと並ぶ牛の間を1頭1頭のぞきこんで
かあちゃん!!
牛の陰にいる母を見つける
カチャカチャ
ジュコージュコー
あらあらかや起きたの?
お母さんもう少ししたら部屋戻るから
ン
だっこ!
母に会えたら一安心して部屋へ戻る
母ちゃんいたー
そのうち母がいなくてもひとりで着替えて保育所行きのワゴンに乗り込むようになって
母は楽になったらしい
俺は祖父母や兄弟もいたし、朝起きてひとりぼっちってことは一度もなかったなぁ

病気の時
食べたいもの
小さい子ってすぐ熱を出したりすると思うんだけど
体調崩してる時って保育所はどうするの？
休んで1日中親の部屋で寝てるよ！
私が熱を出すと母はよく「くず湯」を作ってくれた
母流くず湯
片栗粉と水を混ぜて火にかけ沸騰したら砂糖を加え練る
トローリ
あれを食べると「あぁ今私お熱なんだなぁ」って実感するんだよね
小さい時って体の調子が悪いとか自分では気がつきにくいもんね
母に「何か他に食べたい物ある？」って聞かれて「おかゆ」と答えたら驚かれて
えっ
おかゆ!?
子供なのにおかゆなんて食べたいんだ
おかゆは定番だと思うが…どこで知ったの？
保育所には子供が大勢いて風邪や熱などがすぐうつるため
みんな、もし下痢したら教えてー
他の子がした時も教えてね
とけい子おかあさんからお願いされていた
はーい!!!
大好きなけい子おかあさんに「報告」がしたくてたまらない子供たち
でた？
うん
お互いチェックしあって

誰かが下痢しようものなら
おーいテツオがゲリしたぞー
すげー！
大騒ぎ!!
見せてっ！
けい子おかあさーん！
わーすごーい!!
他の日
・・・!!
いつもよりやわらかい…これはゲリだ!!
私ゲリしちゃったー
えっ
見せてー
なんだよかやゲリじゃないじゃん！
えーでも少しお腹痛かったし…
ゲリはもっとびちるよ！
なーんだぁ
これは普通!!
下痢評論会
わい
わい
こんなこともある…
そんな厳しい(?)チェックをくぐり抜け無事体調を崩していると認定されると
熱も少しあるね
風邪かな!?
お布団敷くから寝よう
みんなはうつるから近付かないでね
はーい
別室へ
そんな特別なとき作ってもらえるのが
おかゆだったのだ

けい子おかあさんの心配を一身に受けられる病気の時の「おかゆ」は
食べてる？
うん
おかゆ食べてる
憧れのアイテムだった
良いなー…
私も食べたいな…
健康優良児
どうにかして自分も特別なご飯を食べられないかと考え口内炎をアピールし
お口痛いからご飯に牛乳かけたい
そうすれば食べやすいなら良いよ
みんなに羨ましがられながら
ひとりだけ牛乳かけご飯を食べたことも…
良いなー
おいしい？
非日常感が良かったのかな
自分だけ他の子と違う物を食べられるのも優越感があったし
風邪の時父が作ってくれる卵酒も大好きだった
甘ーいの
人によって病気の時の思い出の味ってあるんだろうね
俺は味噌汁で作ったおじやと芋茶巾絞りかなー

私の幼なじみ
保育所には常にいろんな年齢の子供たちが通っていたが
私の入った時はたまたま同い年の子が多かった
そのうちのひとりが
かーやちゃん遊ぼー
お茶目なみよちゃん
おしゃべりが大好きで
気持ち良い♥
やめてよ～
男の子のいが栗頭をなでるのが趣味の女の子
みよちゃん一家は保育所から少し離れた養鶏場で暮らしていて
かや両親のいる村
みよちゃん一家の村
保育所のある村
毎朝みよちゃんを拾うため送迎車が寄るのだが
準備ができていなかったり運転手の村人の用事があったりすると
みーよちゃーん
あっち行こうよ
うん
呼んだら戻って来いよー
待つ間車から降りて村の中をウロウロできる
あっみよちゃんいたー!
あーかやみよ今日機嫌悪くてねー
ちょっと待ってねー

みよちゃんのお父さんのお仕事を見学
わー炒り卵だ！
どうするのこれ？
ヒヨコさんのご飯だよー
おいしそー
ジュー
ジュー
ヒヨコさんが出て来なかった卵はこうやって生まれたヒヨコさんのご飯になるんだよ
へー！
食べてみたい
少しなら良いよ熱いから気をつけてな
やったー!!
穏やかで優しいみよちゃんの両親は子供たちの人気者
甘ーい!!
おいしい！
お砂糖入ってるの？
栄養あるから少し入れてるよ
送迎車が出発する時は必ずふたり並んでお見送り
行ってらっしゃーい
行って来まーす
雨の日も雪の日も朝はもちろん帰りの便も
ふたり揃ってお出迎え
おかえり
毎日このふたりに会えるのでその村へ立ち寄るのが楽しみだった

同い年の女の子はみよちゃんだけで
他はみんな男の子だった
おっとり
ヨウタ君
秀才の
テツオ君
のっぽの
ケン君
みんなの
仲裁役
ナオユキ君
そして
悪ガキ　カズオ君
いっしっしっし
泣き虫だった私はかっこうの
ターゲットにされ何かと
いじめられた
庭で集めた毛虫を
パンツの中に詰めこまれ
びえ～
大泣きした後寝落ちして
起きた時にはどうして泣いたのか
覚えてなくて
けろり
…
保育所から戻り
母と合流し
お風呂
入ろうか
うん
ギャー!!
キャー!!
毛虫!!
いやー!!
ボトボト
女湯阿鼻叫喚…

やーい
泣き虫
あーまえんぼー
天敵!!
しばらく股間がはれていた
ジンジン
カズオ君のお母さんはカズオ君を産んだ後離婚して村へ来た人で
急にやってきた乱暴者に私は毎日泣かされていたけれど
私とカズオ君が3歳くらいの頃カズオ君のお母さんが村で再婚して
わーごちそう!
保育所の子供たちも披露宴に招かれた
村人が盛り上がる中
キース!
キース!
やんややんや
ふとカズオ君を見たら黙ってポロポロと泣いていた
ドッ
ヒュー
いいぞー
お母さんが再婚した後カズオ君が乱暴することはなくなった

保育所の春
暖かくなってきたので今日は保育所の庭で屋外食
村人たちも集まりなごやかに外でお昼ご飯
いつもの食事と違いなんだか賑やかだけど…
そんなことより
食べ物と
モッモッ
ジー…
アリ
人間の食べ物を嬉しそうにいそいそと運んでいくこの小さな生き物に心を掴まれた私は
運ぶのなくなった…私の少しどうぞ…
そっ
その後村で屋外食があるたび
今日の屋外食はお好み焼だけど…
わーさっき置いたのもうなくなってる！お好み焼好きなのかな
おかわりいる？
村内のアリの巣の場所把握済み
アリへ食べ物をお裾分けするようになった

保育所の夏
保育所の庭にはプールもある
今日は暑いから
お昼寝の後
プールに入ろうか
プール
入りたい人ー
はいっ
プールが決まると
始まる女の戦い
バチ
バチ
共有の水着は
早い者勝ち
引く
男子
ちょっと〜
引っ張らないでよ
ギャー
ギャー
かやちゃん
こそ!!
保育所の女の子たちも
取り合い
今年の夏は
フルーツプリント
水着で決まり!!
ミーン
ミーン
ミーン
チッ
勝った
この頃から物は
共有なんだね
小さい頃はまさに
「パンツまで共有」
だったね
汚れたらどんどん
着替えるしいちいち
「誰の」とするより
効率的だったのかも
ジャバ
ジャバ
キャッ
キャッ

保育所の秋
あるよく晴れた秋の日
朝のミーティングでとても楽しげな話を聞いたのでみんなソワソワ
庭に木を集めてるぞ
あれを燃やすんだね!
葉っぱも燃えるのかな?
おーい子供たちー用意できたからおいでー
ほらお団子持ってー
あまり近くに行くなよ危いぞ
保育所の庭で焚き火をしてお団子を炙って食べる
火と食べ物
子供心わし掴み
もえてる!!
おだんご!!
こげてる!!
あついね!!
焚き火の後残った消し炭が気になり食べてみたら味はないけど軽い歯応えで
おっ意外と食べられるな
シャリ…
シャリリ…
かやちゃんがへんなことしてるー
あれ食べ物じゃないよねー
でも他の子は誰も手を出さなかった

保育所の冬
冬になると出される石油ストーブを囲んで
近付かないよう囲いがある
今夜はクリスマス会!!
集まった親や村人たちの前でこの日のために練習してきた歌を披露
あわてんぼうのサンタクロース クリスマスまえーにーやってきたっ
村って無宗教じゃなかったっけ？クリスマスあるんだ
私のいた村では小学校に上がるまでは毎年クリスマス会あったよ！
子供が多いから何かとイベントしてたイメージ
クリスマス会で何をするかはみんなで決めたのだが
何しようか？
なんでも良いよー
えっとー…
お父さんお母さんたちを驚かせちゃおう！
紙芝居は？
クイズ出したい
満場一致でプログラム入りした演目がある
それが
次は
マジックです
オォー

けい子おかあさんはマジックが上手で
よっ
ほっ
子供たちの憧れの的
毎日何かしらのマジックを見せてくれた
パチ
パチ
パチ
パチ
いいぞー!
中でも一番人気だったのが
さて最後のマジックです
「魔法の袋」
きた!!
きたー
ざわ…
ここに何も入っていない袋がひとつあります
フム
フム
はい見てください
何もありませんね?
ないな
ないよね
ない
ジー
本当にカラッポかなー?
うーん…
おや?
ゴソ
ゴソ
ドキ
ドキ
まぁびっくり!
こんなにお菓子が!
キャ
キャ
ほれー!
ほーらまだ出る
わっはっはっは
まほー!!
まほー!!
ワー
ワー
ワー

親や村人そっちのけでお菓子拾いに興じる子供たち
いっぱい出た…
今日の魔法もすごかった…
みんなたまに見せてもらえるこのマジックが大好き!!
戦利品
ハァ
ハァ
ハァ
ハァ
魔法で出てきたお菓子は特別おいしいなぁ
さっそく食べる
ムッチャ
ムッチャ
けい子おかあさんは楽しい遊びを考える天才で、この人にかかると
あめが1個あったよー
食べたい人ー?
たった1個のあめ玉も
はーい!!
大勢で楽しめるすてきなゲームになってしまう
15秒ずつねー
はいっ
おいしい?
いーち
にーい
さ
ごーお
ろーく
あめ回しなめゲーム!!
空っぽの袋からお菓子がザクザク出てくるマジックはそれからも何度となく見せてもらったが
最後まで仕掛けが分からなかった
近くで見せてもらう
?
?
?
空だよな?
あれぇ
きっと本物の魔法使いなんだ!
私も大きくなったら魔法使いになるぞ!

※カバー下の裏表紙でこのマジックの種あかしをしています

スリリング・ウォーキング
保育所では毎日のようにお散歩へ行く
おっアケビだ
アケビ?
村のすぐ横の雑木林を歩いて木の実や葉っぱを拾うこともあれば
よーし今日は天気も良いしあそこまで行っちゃうかー
村から少し離れた丘の中腹にあるりんご園まで行って
オオー
うわーリンゴがいっぱい!
りんご畑沿いの道を散歩することもあった
少し遠いけれど敷地内でポニーやロバを飼っている家があって
あらかじめ連絡してから訪れて村から持参した人参などをあげさせてもらったりもした
ブルルン
ある日の散歩の帰り道
楽しかったー
お馬さんおいしそうに食べてたねー
同行したお姉さんがひとり離れて歩いていたので側へ行き何気なく手をつなごうとしたら

ヌルッと妙な感触が…　驚いてお姉さんの手をのぞいたら
あっ
ビクッ
血で真っ赤だった
どっ…どうしたの!?
痛い!?
小さい子たち驚かせたくないから内緒にしてくれる？
しーっ
お馬さんにね…
少しね…
ポニーに人参をさし出した時ガブリとかまれたそうで
血が手のひらにたまるくらいケガしてるのに
自分のことよりみんなのことを気遣って黙っていたんだ
私だったら絶対大騒ぎしちゃう――
大人ってすごい…!!
その後はひたすらお姉さんの側に来る子たちを追い払いながら
帰路を急いだ
早く
早く
ハラ
ハラ
だから馬の口には気をつけて…って聞いてる!?
この馬の鼻先の柔らかいとこ触るの好きなんだー

けい子
おかあさんと一緒
優しくて楽しい
けい子おかあさんは
子供たちにモテモテで
常に取り合い
こっち来て
はいはい
マジック
してー
どーじょ!
そんなけい子おかあさんを
ひとり占めできる日
今日私
お泊まり!
良いなぁ
それが「お泊まり」の日
村人は他の村へ研修に行ったり
ミーティングへ行ったりと
たまに不在になるので
今夜はうちで
寝ようね
はーい
父ちゃんが
本読んでくれるよ☆
そんな時は他の子の親が
預かって過ごすのだが
希望すれば保育所にお泊まり
することもできた
何? ここに
泊まりたいの?
良いよー
私いつも
ひとりだし
はーい
僕もー
私もー
お泊まりした子に
話を聞くと
楽しかったー
おやつを一緒に
食べたのー
マジックも
見せてもらった
とても羨ましかった
そしてついに
かや、お母さん今度
ミーティングで…
保育所
お泊まりする!!
シュタッ!
いや、父ちゃんは
いるんだけど…
いや!
保育所がいい!
そ、そうか…

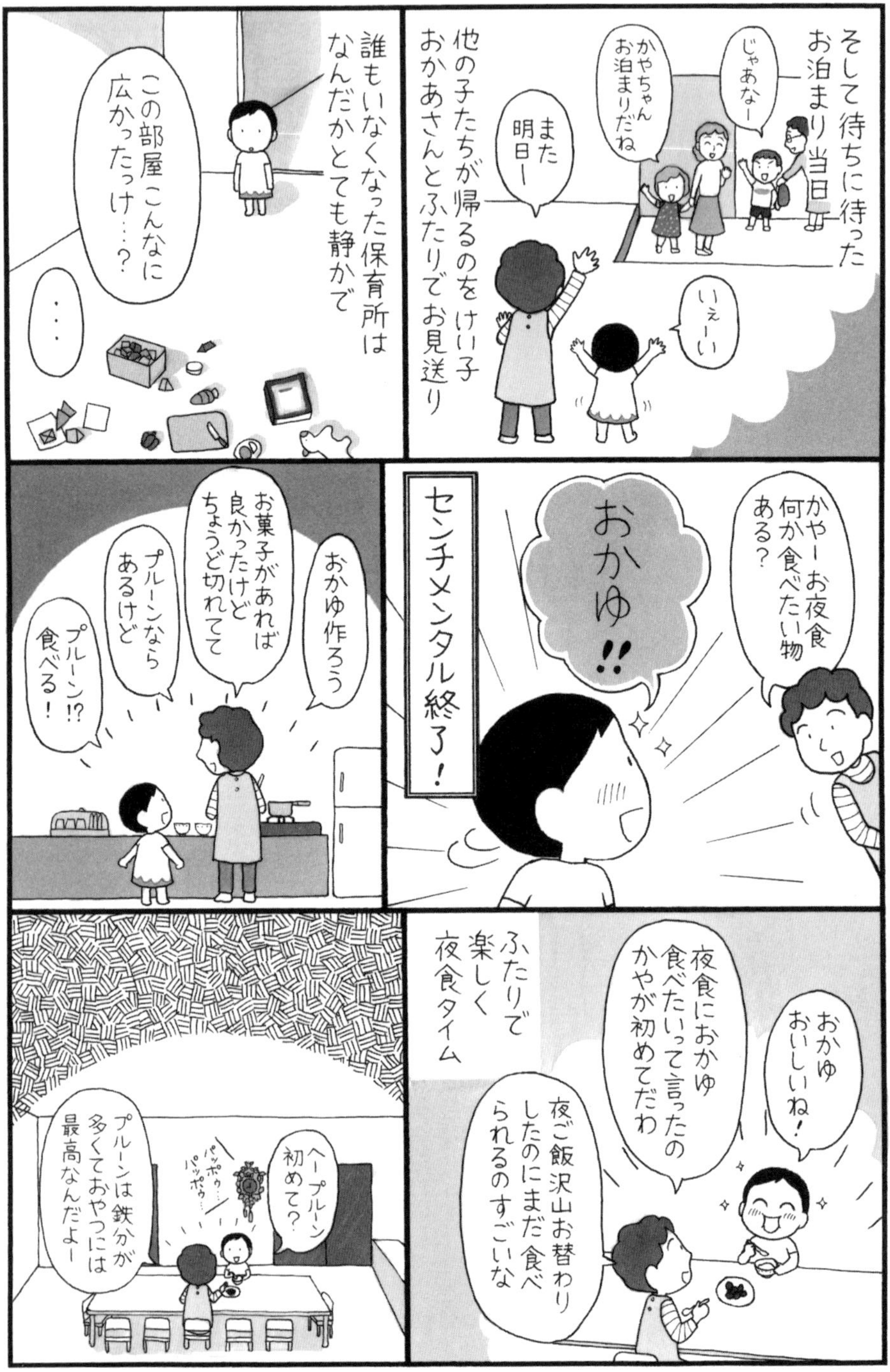
そして待ちに待ったお泊まり当日
じゃあなー
かやちゃんお泊まりだね
また明日ー
他の子たちが帰るのをけい子おかあさんとふたりでお見送り
いぇーい
誰もいなくなった保育所はなんだかとても静かで
この部屋こんなに広かったっけ…?
…
かやーお夜食何か食べたい物ある?
おかゆ!!
センチメンタル終了!
おかゆ作ろう
お菓子があれば良かったけどちょうど切れてて
プルーンならあるけど
プルーン!?食べる!
おかゆおいしいね!
夜食におかゆ食べたいって言ったのかやが初めてだわ
ふたりで楽しく夜食タイム
夜ご飯沢山お替わりしたのにまだ食べられるのすごいな
へープルーン初めて?
パッポゥ…パッポゥ…
プルーンは鉄分が多くておやつには最高なんだよー

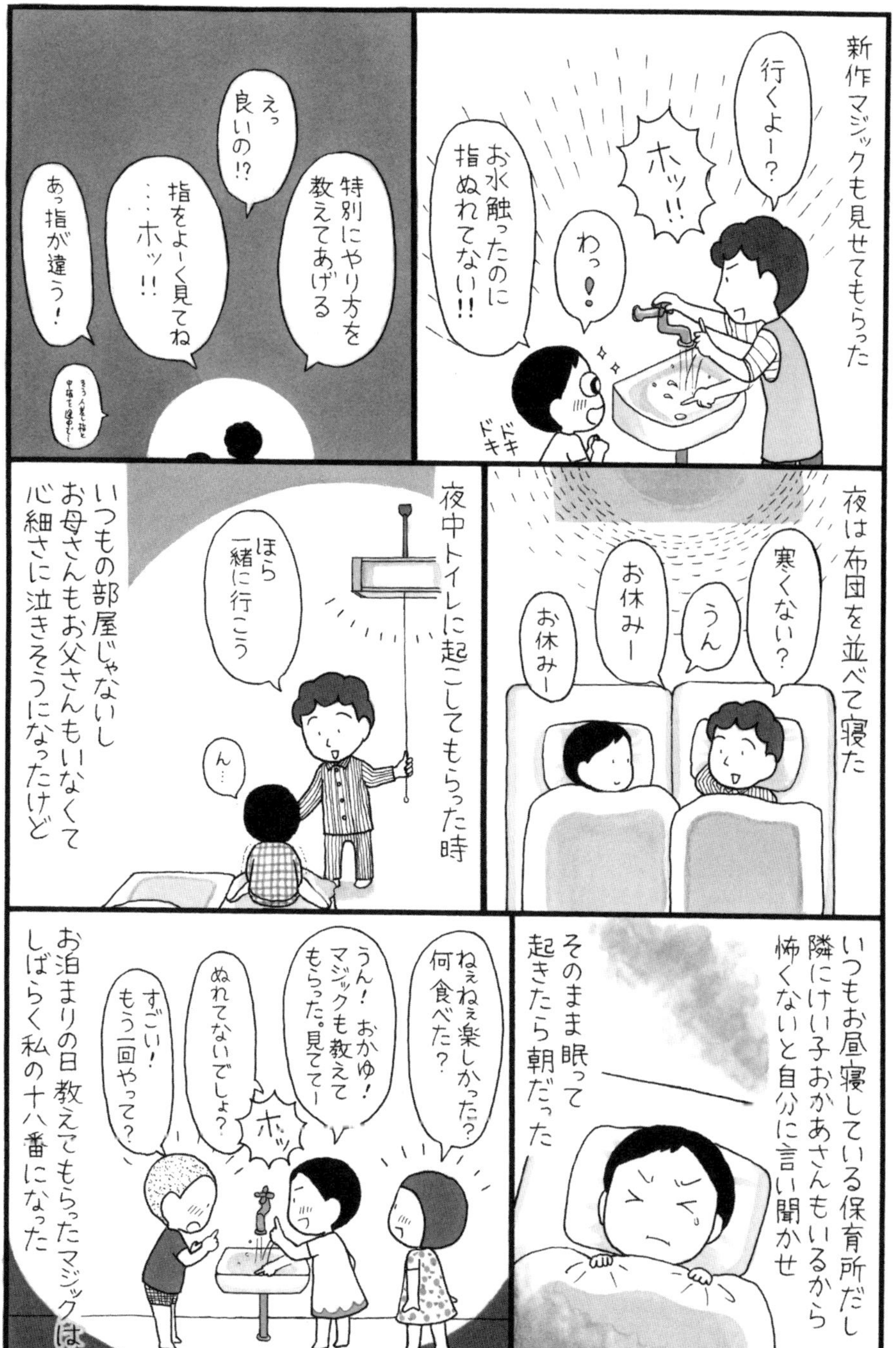
新作マジックも見せてもらった
行くよー？
ホッ!!
わっ！
お水触ったのに指ぬれてない!!
ドキドキ
特別にやり方を教えてあげる
えっ良いの!?
指をよーく見てね
…ホッ!!
あっ指が違う！
夜は布団を並べて寝た
寒くない？
うん
お休みー
お休みー
夜中トイレに起こしてもらった時
ほら一緒に行こう
ん…
いつもの部屋じゃないしお母さんもお父さんもいなくて心細さに泣きそうになったけど
いつもお昼寝している保育所だし隣にけい子おかあさんもいるから怖くないと自分に言い聞かせ
そのまま眠って起きたら朝だった
ねぇねぇ楽しかった？何食べた？
うん！おかゆ！マジックも教えてもらった。見ててー
ホッ
ぬれてないでしょ？
すごい！もう一回やって？
お泊まりの日教えてもらったマジックはしばらく私の十八番になった

お父さんと一緒
保育所から帰ると お風呂へ行く
よし今日は 父ちゃんと 入るか
うん
父とお風呂に入ると
ほらかや ブクブクー
フーッ
シャンプーのフタに 石けんを付けた アカスリをかぶせ 息を吹き込むと 泡が立つ
わー やりたい!
喉渇いた? ほら水飲め
ゴク ゴク
母が見たら
湯船で遊ばない!
洗面器で水 飲まない!
怒られそうな ことをできるので 楽しかった
父と男湯へ入れたのは 保育所時代まで…
ギョッ
お風呂で会った 年上の男の子に驚かれて 急に恥ずかしくなった
村の近くには一般の立ち寄り温泉も あって
お風呂今日は 温泉にしようか
うん!
温泉好きの父はしばしば 私を誘った
ブーン…
ゆったり…

温泉の後は必ず
どれにする？
リンゴジュース！
自動販売機でドリンクを買ってもらえる
これがとても楽しみだった
市販の缶ジュースなんて飲ませて…
お父さんは甘いんだから…
んっく
んっく
ある日の湯上がり
かやいつもリンゴジュース選ぶね
これとかでも良いんだよ？
えっ良いの？
じゃあそれ
見た目の渋さからコーヒー等大人しか飲めない物だろうと思っていたドリンクを父にすすめられ
飲んだらめちゃくちゃおいしくて
あまーい!!!
つぶ入り
しるこ
自動販売機の中にこんな素晴らしい物が混じっていたとは…
よしっ今度からは絶対この缶を選ぼう!!
これは良いことを知ったと思っていたのに
ホカ○
ホカ○
次行った時は季節外れでもうそのドリンクは並んでなくて
うまいよねおしるこ
父ちゃんにもひとくちちょうだい
次の冬には両親が村を移動してしまい、結局飲めたのはその時一度きりだった

かやちゃんのお父さん甘党だよねー
親近感…
でも話聞いてると一般の温泉行ったりジュース買ったり
村人なのに普通にお金使えるんだね
缶ジュース飲む？
うん
村では欲しい物があると「提案」してOKが出たらそれをもらえるんだけど
提案書
○○に使いたいので○○が○個欲しいです
○○部 ○○
例えば一般に行く時は車やお金など必要な物の提案書を出して
車はあいていれば好きなのを借りられて
全ての提案が認められる訳ではないけど大抵は通ったんじゃないかな
申告制のお小遣いみたいだね
はいはい
あかない
お金もらって子供と一緒に遊園地へ行ったりおもちゃ屋へ行く村人もいたそうだし
当時は本当に村と一般の線引きが曖昧で普通に行き来してたみたい
村人の中でも「お金は必要ない」って考える人もいれば気にせずどんどん提案する人もいて
父はどちらかというと自由に提案する方だったのと、長く村にいるから提案も通りやすかったようで
ほれ
ありがと
村のテレビにWOWOWを入れてもらったり話題のCDをイチ早く手に入れたり
映画・歌・ファッションなど趣味が広い
すごい歌手出て来たよ「宇多田ヒカル」っていうんだけど
このデビュー曲聴いてよ!!
へ、へー…
普段一般の歌を聴いてないのでどうすごいのか分からない
村にいつも本当に自由に楽しんでいるように見えた

村の酔っぱらい
私が6歳くらいまでは村でも
お酒・たばこがOKで
お父さん
そろそろ
行こうか
いい?
泡だけだよ
うん!
シュワ〜
BEER
夜両親がミーティングでいない時は
ビールの泡を
なめつつ
さけるチーズ
片手に
テレビを見ながら
お留守番
ムッチョ
ムッチョ
おやじ…?
ミーティングがない日も
父は他の村人の部屋へ行き
みんなで酒盛り
お父さんまだ
飲んでるの
かなー
かやちょっと
呼んで来て
あい!
帰りがあんまり遅いと
私が呼びに行かされた
宿舎
他の村人の部屋
薄暗い飼料倉庫の
階段を上り
かすかに光のもれている
部屋の戸を引くと
そー…
中は村人の熱気がムンムンで
たばこの煙でかすんでいて
ワハハハ
それで
どうなった
おっかやだ
高田さん、かや
来たよ

父ちゃん
母ちゃんが呼んでる
わい
わい
おー分かったもう戻るからこっち来て待ってて
かや母
なんだすっかりきよ子さんの尻に敷かれてるな
いやいや
早く戻らないと次は母ちゃんが来るぞ
奈良漬食べる?
こらぁでかい口や
父が差し出した物は全て食べるのでおもしろがられる
パカ
わはは
なんでも食べるぞ
子供は通常もらえないような味の濃いつまみももらえるし
いける!
モギュ
モギュ
どうだい製乳の方は
俺最近ギター始めたんだ
最近の女性陣は…
北海道の村でも毎晩飲んでたの? あー焼酎もいいねー
「つまり「一体」っていうのはさ…
父のひざの上で熱く語り合う男たちを眺めているのは好きだった
ボーン
ボーン
…

味見を せんとや生れけむ
村では基本 1日2食 なんだよね
小さいうちは どうなの?
初期の頃は 朝食もあった らしいけど
私が保育所に入って 離乳食が始まった頃 には子供も1日2食 だったよ
さすがに乳児さんは 違うけど…
小さなうちから2食だと それが普通の体になるので 特に辛くはない
昼も夜も たらふく 食べて
むちむち 太っていた
そんな私の目下の興味は
お風呂場の石鹸
ジー…
こんなに 良いにおい なんだもん
味もさぞかし 良いんだろうな
スンスン
母に聞くと止められるので こっそりなめて
うえぇ
ペッ
ペッ
「良いにおいのものが おいしいとは 限らない」と知る
…
そして次に 気になったのが

赤唐辛子
赤くて
ピカピカ…
おいしそう…
父にねだる
えっ
唐辛子
とってくれろと
泣く子かな
かや…あれは
やめておきなよ
子供にはムリだよ
すごく辛いんだよ
おいしくないよ
うん
うん
基本的に大人の言う事は大げさ
何を言われても聞き流す
きっと大人だけが
食べられる
おいしい物なんだ
だから子供の
手が届かない
場所にあるんだ
ほんのちびっとね
泣いても知らないぞ〜
チョーダイ
チョーダイ
カッ
カハッ!!
イ、イダイッ
ベェ
ペッペッ
そら見ろ
水飲めっ
「おいしそうに
見える物が
おいしいとは
限らない」
赤い物ってどうして
おいしそうに
見えるのかね
唐辛子にはこの後も
真っ赤な「激辛せんべい」
に挑戦してひどい目に
あってる
めげないね…
村人はよく出かけるので
頂き物をすることも多く
村のおじいちゃん
おばあちゃん達で
スイスに行ったんだって
お土産のチョコレート
食べましょ
ほらでっかい
カウベルも
あるよ
スイス!?
ハイジの!!

生まれて初めて食べたホワイトチョコレートはスイス製
こんなにおいしいものがあったのかー!!
ぱぁー
!!
それ以来好きな物を聞かれたら「ホワイトチョコレート!」と答えるように…
たまに頂く物で他にも好きだったのが
ただいまー…
あっ栗かのこ!!
おかえりー夜ご飯のあとに食べようね
小布施の栗らくがんと栗かのこ
栗かのこは缶詰の中に甘い栗あんと栗の実が入ったお菓子
パキャッ
カパー
フタちょうだい!
お茶入ったわよー
フタについたかのこひ・と・り・じ・め☆
れろん
サクッ
…イアイ(痛い)
うわっかやがフタでベロ切った!
?
ティッシュ!ふいてほら!
ベロは痛いし血もなかなか止まらず目の前においしいものがあるのに食べられない悲しさで涙も止まらなかった
お父さんもかやに危ない物渡さないでよ
まさか直《じか》になめるとは思わなかったんだもん
うっ
うっ
「どんなにおいしそうなものがついていてもフタを直接なめたらケガをする」と心に刻まれた出来事だった

絵本の世界
保育所の玄関横には本の部屋があり
絵本がたくさん揃っていた
3冊までねー
毎日親の元へ帰る前にその部屋で本を借りる
かやちゃん何にした？
借りてきた本は寝る前に読んでもらう
そこへ子ザルがやって来て…
父は私が何度も同じ話をせがむので飽きてしまって
お豆がコロコロ…あれっまたコロコロ…
ダメッそこは終わったの！
そこへ子ザルが…
ちがう!!
飛ばしたり戻ったりしてふざけるので気が抜けない
ワインの樽がゴロゴロと…
星の金貨がキラキラと…
何度読んでもらってもその都度楽しめた
文字はまだ読めないけど「この絵の時はこの文章が入る」って覚えてて
それを確認するのも楽しいんだよね
絵本は子供が初めて触れる「様式美」なのかも

ぞうのエルマー
とってもカラフルなぞう「エルマー」のお話
作・デイビッド・マッキー
訳・安西徹雄
ある晩いつもの読み聞かせ中
ふしぎなことにエルマーにはこれがなやみのたねでした…
「なやみのたね」あるねー
えっかや「悩みの種」って分かる!?
すごいなもう「悩み」が分かるのか…
うむ
うむ
うん!
「なやみのたね」これだよ!
私が自信満々に指差したのは何かの拍子で色が抜けていた小さな白丸で
ブッ
「悩みの種」を何かの種だと思ってる!
いや、でも本来「悩み」なんて観念で造り出された物で、「ない」のが本当なのでは…?
大いに何かを感じた父がその後『ぞうのエルマー』を読むたび
続き読んでー
早くー
うーむ…
かや「悩みの種」はどこだっけ?
ソワ
ソワ
と聞いてくるので腹を立て答えなくなった
私の読んでもらった『ぞうのエルマー』は「アリス館牧新社」出版の絵本なんだけど現在は絶版で違う訳者と出版社の『ぞうのエルマー』が流通してるよ
でも絵や言葉の引っかかりは当時の絵本の方が感じられると個人的には思うんだ!
へー!

アルプスの少女ハイジ
作・ヨハンナ・シュピリ
アルプスへやって来た少女ハイジが楽しく暮らすお話
よく借りていたブ厚い名作童話集の中に
たくさんお話読んでもらえる!
かやまたその本借りてきたの
ずっしり
『アルプスの少女ハイジ』も入っていた
ふかふかの干し草のベッドで眠りました…
新鮮なヤギの乳おいしいチーズと干し肉…
フカフカ…
イイネ…
読んでもらっている最中
おじいさん何持ってるの?
おいしそう…
あぁこれ?これは…
何気なく絵について質問したら
パン…?色からすると焼く前だがパン作りの工程でこうなるタイミングってあるかな…?
ヤギのお乳のバターかな
いや、バターを手で持たないでしょう
白熱した議論が始まってしまい
大鍋の前でやる作業…
チーズじゃない?ほらここに…
いや俺チーズ作ったこともあるけど…
えっと続き…?
続き…
その日の読み聞かせタイム終了…
最終的に「スイスにしかないパンかチーズなどの食べ物」ということになった

ねないこだれだ
作・せなけいこ
夜中に出てくるおばけのお話
保育所の図書室で私が絶対に借りない本
それがこの『ねないこだれだ』
薄暗い図書室で見るその本の表紙は
目立って怖かった
ビクッ
かやちゃん怖がりだもんな
ホラーとか絶対見ないし
怖いの見るとトイレ行けなくなっちゃう
ただ「おばけ」は怖いけど「ゆうれい」は平気だったよ
ゆうれい？
ここからは少し不思議な話
父ちゃん母ちゃんお休みー
一時期私は押し入れの中で寝ていたことがあったのだが
横になり目を閉じると
スウ…

次の瞬間には
別の場所にいて
そこに必ず
「ゆうれいちゃん」がいた
毎晩会う彼女は私の大親友
「ゆうれいちゃん」は
私のつけたあだ名
夜だけ会えるから
同年代なのに私の知らないことを
たくさん知っていて
彼女の住み家《か》らしい大きな木の
ウロのような場所でおしゃべりする
こともあれば
たまに違う声も
したので一緒に
住んでる誰かが
いたかも
空の飛び方を教えてもらって
手を胸の
前にたらして
目をつぶれば
良いの?
簡単だね!
このポーズはとても
楽だったのでしばらく
現実世界でもクセに
なった
!?
一緒に村の上を
飛び回ることもあった
父ちゃんと
母ちゃんまだ
起きてるー
たっぷり遊んで
満足したら
そろそろ
戻るね!

そこでスッと目が覚める
パチ
少し開けてある襖からもれる部屋の灯と両親の話し声で
まだそれほど時間は経過していないと分かる
そして改めて目を閉じると今度は朝まで起きない
これがしばらく毎日続いたの
2段階睡眠みたいな…
なんとなく押し入れで寝たら会えるんだって思ってたけど、部屋で寝た時も同じで初めて「あれ？」と思って
へー
普通の夢とはどこか違うと感じてたけれど、人にどう聞けば良いのか分からなくて
夢ってみんな2回見る？
あら起きちゃった？夢見てたの？まだ夜だよー
不思議に思いつつも
私ねぇいつも寝る前に「ゆうれいちゃん」と遊んでるんだー
だぁれそれ？夜どこで遊ぶの？
?
自分だけ会える特別な友達のことがちょっと自慢だった
そのうちその夢は見なくなって「ゆうれいちゃん」にも会えなくなっちゃって…
ちょっと残念…
話せる・触《さわ》れる・体感がある…
明瞭で寝入りばなだしかやちゃんの見たのはおそらく「入眠時幻覚」じゃないかな
脳科学

初めてのデザート作り

初めての動物園

かやの葛藤

本部の思い出
私が2歳になった時、父と母が新しく始まる養牛と製乳の勉強で2ヶ月間村の本部※へ行くことになった
お母さんたち本部に研修に行くから
かやはその間本部の保育所だよ
村では技術や養鶏法などの研修で違う村へ行くことがよくあり、私はその間 本部の保育所へ通うことになった
ただその本部の保育所が
・・・
なぜかとんでもなく長い階段の下にあり
坂の上に保育所の入口がある
階段
保育所
暗くて怖くて
当然大泣き
ギャ〜〜!!
いやああああ
あら あら
本部的にはこの長い階段にも意味があったみたいでひとつひとつ「子放れの門」とか「月界への通路」とか名称もついていて
「月界」・・・?
村では保育所は「親の重力から子供が自由になる無重力空間」って考えだったから・・・
「親の重力」・・・?

※東海地方にある一番大きな村

子供と親を離して村で育てるという衝撃的なシステムは村のアピールポイントでもあった
「専門の世話係に子供を見てもらって親は自分のやりたいことに専念できる」
「離れ」じゃないよ「放つ!!」だよ☆
「子供は親放れ親は子放れしてお互いに良い環境で」
「それがこの共同体では実現できているんだ!」という
村としては毎朝仕事へ向かう親と別れた子供がニコニコと階段をおりていく光景を作りたかった
私以外は元々本部の子で通い慣れているせいか少しぐずることはあってもそのうち諦めて階段をおりていくのだが
私はいつまでたってもその階段に慣れなくて
おがあぢゃ～ん
結局いつも世話係さんに抱っこされておろされた
「親放れ」を外部に見せる一番良い場面でああギャンギャン泣かれると…
きよ子さんももっとはっきり子を放さないと
子供は子供の世界で明るく素直に育っていくんだから…
階段も周りの大人の会話も母が色々言われていることも全て気に入らなかった

まぁ大体「村」っていっても「理想の社会を作って外部に見せるための形」みたいなもので
思想を広めるための「見本」っていうか…
村人の意思も入ってたとは思うけど「一般社会に村をどう見せるか」ということが重要だったんだよね
当時は結構世間からも注目されてただろうしね
でもなんというかやり方が急ごしらえで穴がある感じで
単に自分が村で暮らしたかっただけの人には「外部への見せ方」なんて分からないかもな…
一応外部の人が見学に来て聞かれた時用に
本棚は大人の選んだ本だけです
村には子供たちが伸び伸び育つための環境が全て用意されています
ほー
すばらしい
へ
体裁を整えてはいるけど
まー本も子供も多いし
全ての把握は無理だよね…
「大人が全て選んだ」はずの本棚にあった『かにた婦人の村』のドキュメント本を読みこむ小学生もいたわけで…
私本好きで本棚の本片端から読んでたから大人のチェックをもれた本見つけるの得意で
中等部の時もそうやって見つけた本を他の子とかに教えてあげて喜ばれたりしてた
きわどい描写のあるやつとか…
イシシ
中学生…
2歳の頃はさすがにそういった村の事情は分からなかったが
母以外の周りの大人は泣いている私でなくどこか遠くの見知らぬ世界を見ているようで
笑顔も優しい声色も怖かった

長い階段をおりてしまうと
その先の廊下は明るくて奥から
楽しそうな声が聞こえてくるので
ふー…
よいしょっ
ほらかや
みんなむこうで
遊んでるよ
吸いよせられるように
そこへ――
!!
ほ、ほら
あっち行こう?
ドスッ
行けば良いのに 行かない幼児
確かにあっち行けば楽しいことが
いっぱいあって母ちゃんのことだって
一時忘れられるかもしれない
でも今まで
グズってたのに急に
態度を変えるのは
どうなんだろう
せめて泣いたことへの
スジは通そう
私なりの考えがあり
テコでも動かない
昔からどうも
考えすぎるとこ
あるね
こういうところが村から
すると「子供らしくない」ん
だろうけど
頑固な性格で…
かやー 今日も
ここにいるの…?
まーたかやか
毎日毎日
よく飽きん
なぁ
どうします?
はぁ…
ほっとけば そのうち
みんなのとこ来るやろ
幸い本部の保育所は子供が多く
世話係さんもひとりだけに構って
いられずほっといてくれたので
足音…
母ちゃん!?
私は毎日階段の下で
母を待ちながら過ごした

本部の保育所の世話係さんは数人いた
かや何がそんなに嫌なの
あらこんな所にいたの
大きい声！元気やなぁ
声かけてくるタイプ
無関心タイプ
肯定タイプ
どうにか説得しようとしてくる世話係さんとニコニコ余裕のある世話係さん
お母さんだってしなきゃいけないことあるんだよ？
ほっておいて大丈夫よ
構うから泣くのよ
お母ちゃ〜ん
でも試しに何時間も泣き続けてみると
お母ちゃん
お母ちゃ〜ん
あーもぉー
うるさーいっ
あんたいい加減にしなさいよ!?
態度がガラリと変わるのはニコニコしていた世話係さん
とんでもない子供やねっ
ああいうタイプの大人って自分の思惑が外れると途端に怒り出すよね…
そして翌日からは無視される…
はー泣きつかれた
まだ態度が一貫してるだけ初めから無関心だったりうるさくても色々言ってくるタイプの方が良いなぁ
とにかくこうだろうと勝手に決めつけられるのが大嫌いで、わざと逆の事を言ったりやったりするから
無駄に人の反感を買ってしまう非常に損な性格だった
天の邪鬼…

父ちゃんの裏ワザ
このように小さい頃から泣き虫で
気に入らないことがあると
すぐ泣いて
泣いた後はいつまでもすねて
ふくれっつらだった私
まーたかや
すねてんの?
女の子は
笑顔が一番
だぞー
本部から戻った後も
泣き虫なのは変わらない
うえ〜
かやちょっと
外行こうか
そんな時 父はたいてい
私を外へ連れ出して
うえぇん
違う場所で
怒られるのかな
見世物にする気かな
なんであろうと絶対
泣きやまないぞ!!
ここで良いや
ハイ
こっち
向いてー
パシャ
くるっ
ハッ
おもむろに
写真を撮り始める
それは泣き顔まで愛らしい
娘の姿を写真に残すため…
う…
うえーん
うえーん
パシャ
パシャ
パシャ
ではなく

私に昔から「人に見られてると思うと笑ってしまう」というクセがあったため
うえ〜〜…
手で顔を隠す
ほら顔見せてーカメラ見てー
パシャ
う…
必死で泣こうとしてる
チラ
ゴシゴシ
はいまだ泣いてまーす
パシャパシャ
笑う
どう頑張っても結局笑ってしまう
はい
パシャ
泣いたカラスが笑いましたー
おかげでアルバムには泣き笑いの写真がいっぱい
昔はフィルムカメラしかないし…
このクセのせいでまぁ困ったよ
照れ屋なんだね
うーん…ほら、人の顔や視線ってすごく雄弁というか情報が多いじゃない？
情報？
そう、だから見ちゃうと強制的に意識を持って行かれるみたいな感じで…
顔だけでなく自分に向けられた相手のあらゆる部分が
ほーら撮るよー
無意味な実況
おどけた口調
無駄なフィルム
パシャ
パシャ
カメラはアナログ
笑っちゃってる
太めのお腹
変なサンダル
ズボンはシワシワ
いろんなことを訴えてくるし
目なんか見ようものならお互いの頭の中を直接のぞきあってるみたいで
レンズはずるい
その感覚がくすぐったくて笑ってしまう

そんな調子なので月に1度ある
村人の懇親会での歌の発表も
ヒィーー どこ見ても人の顔〜〜
どっち見ても目が合っちゃう〜〜
ひとりだけめちゃくちゃ笑っているので悪目立ちする
対面のため視線からの逃げ場もなく
延々と笑い続けることになるし
世話係さんと1対1で
叱られている時も
なに笑ってるの!!
必死で手をつねっている
余計怒られる
笑い方も「ニコッ」じゃなくて「ニヤニヤ」らしくて…
せめてニコッであれば…
情報量の少ない首の下あたりを見ていれば言われたことも頭に入ってくるんだけど
そんな問題?
目をそらすなって怒られるし
母から
自意識過剰なのよ 誰もそんなに見てないって!
笑ってるのすっごくおかしいよ?
と何度も言われたけど
大勢で暮らしている以上人の目から
逃げきれる訳もなく
他にも動物のフンとかトイレのうじ虫とか村には見たくない物が多過ぎてわざと焦点をぼかしていたら視力が落ちて
おかげで今は人の視線が気になることも少なくなったよ
必要な時だけメガネかけてる
何か他に手立てはなかったのかね…

大脱走
保育所に新しい世話係さんがやってきた
今日からは私が保育所の世話係さんだよ
その時はけい子おかあさんの代打かな？と思ったが
・・・？
その日からけい子おかあさんは保育所へ来なくなった
お散歩の途中に村の中で会ったりするとなぜ保育所の世話係さんなのに自分たちと一緒じゃないのかと混乱した
おーみんな元気そうだねー
あーけい子おかあさんだー
村では大人の仕事場の配置替えが頻繁にあったのでその一環だったのだと思う
新しい世話係さんも悪くはないけど何かしっくりこないんだよなぁ…
ある日の昼食どき――
うっ今日もカボチャの煮物か…
その日は私の苦手な野菜多めの献立だった
牛乳
ご飯
菜っぱの煮浸し
カボチャの煮物
大根ツナ炒め
イモ・クリ・カボチャ系の喉に詰まる感じが苦手…
甘く煮てあるのもおかずとおやつのどっちつかずで嫌…
ゲッソリ…
急速に消えゆく食欲…

けい子おかあさんなら
カボチャ栄養あるんだぞー
私は大好きだけどな
頑張れるところまで食べて、無理そうならその分他のおかず食べたら良いよ
融通をきかせてくれたのに
新しい世話係さんは
食べたくない？
何言ってるの全部食べる！ まず先にカボチャ食べきってから他のもの食べな
なぜカボチャを食べなくてはいけないのか
今日のおかずはワクワクする物がひとつもない
1日に2回しかない大好きで楽しみなご飯の時間なのに
もんもん
なんだかとてもむなしい気持ちになってしまい
カボチャは食べたくないしここにもいたくない
今日はもうお母さんの所へ帰ろう
スッ
少し早いけど両親の村へ帰ることにした
かやっ 待ちなさい どこ行くの！
やべっ
気付いた世話係さんが後を追っかけてきたけど
こらー!!
戻りなさーい!!
つかまったらその時はその時だと下り坂を死にもの狂いでかけおりた

坂を下りきり、声がしなくなったので
ふり返ると世話係さんはいなかった
逃げ切った…!?
ハァ
ハァ
多分、他の子たちを子供だけにしてはおけなかったのだろう
そのまま村のはずれまで歩いてきた
トコ トコ
お散歩の時間にみんな一緒に村の外を歩くことはあったがひとりで歩くのは初めてだった
…
ゴクリ
それでもすぐにでも両親の元へ帰りたかったので
村を出て歩き始めた
お散歩の時車は危ないって教えてもらったから
端っこを歩こう
毎日車で往復しているので道は分かっている
歩き出してすぐ車と違って徒歩だとなかなか前へ進まないことが分かった
車なら一瞬で通り抜ける距離
…
困ったことにこの先にいつも薄暗くて車で通る時も目をつぶってやりすごす林があった
ゆるやかなカーブのある道
林の中は墓地

…今は明るいし大丈夫!
早歩きで通り抜けよう
そう覚悟を決めてズンズン歩いていた時
ブロロロロ
キッ
ドキー…
1台の車が私の横で停まった
村人!?
どこ行くの?ひとり?
村人じゃない!良かった…
キュ
キュ
キュ
あっち…
同じ方向だし乗りなよ!送ってあげるよ
途中までか、うまく行けば母ちゃんの村まで行けるかも
ラッキー!
あい!
ニコニコ
よっこらせ
日頃から人の運転する車に乗り馴れている
歳はいくつ?
みっつ!
お名前は言える?
ただっ…だ…あや?
ブォン…

自分の名前は落ち着けば言えるのだが、まだすっとは出てこない時で
そうかぁお母さんのいる所まで歩いて行こうとしてたんだね
うん！
でもどうにか目的は分かってくれたようで
あの暗くて怖い場所も通り抜けられたし
私の道案内通り進んでくれてるし
よしよしうまく行ってるぞ
ムフ
ムフ
と思っていたのだが
あっあの信号あっち行くの！
あっち…
ー
あれ？
おじさんは急に無口になって
行きたい方向
あっち！あっち！
私の指示とは違う方向に曲がった
ブォーン…
？
？
こっちじゃないのにどうしよう…
ガタガタッ
ガタンッ
ガタタ
ガタゴト
ゴトゴト
ブロン…
キッ
フー…
ドッ
ドッ
ドッ
ドッ

ここおじさんのおうちなんだ！
お昼ご飯まだなんて食べていっても良いかな？
くるっ
なんだそうだったのか！
ホッ
うん！
おかえりー
あらっどうしたの!?
いやーひとりで車道の横歩いてた
あそこの村の子だと思うから連絡してみるよ
げっバレてる!!
私を拾ったのは駐在所のおまわりさんだったらしい
ちぇっ母ちゃんの所行けると思ったのに
謀られた!!
プンスカ
何か飲む？お腹は空いてない？今からご飯だけどお昼は食べた？
ご飯…!!
あら
この位の子だと何食べるのかな
おにぎりとお餅とパンどれが良い？
えっ「おもち」!?
お餅ってあのお正月に食べたやわらかくて白くて甘いやつ…!?
大・好・物★
パァ
…でもちょっと待てよー
今頃保育所のみんなはカボチャの煮物食べてるのに私だけお餅なんて食べても良いのだろうか…
？
うーむ
さすがに悪いよね…
おっ おにぎりっ！
はいはいちょっと待っててね

優しい駐在さんの奥さんにおにぎりとお菓子をごちそうになって
あのねっ
それでねっ
そうなの
お名前は練習中なんだー
もしもし?
いっぱいおしゃべりして
「高田かや」ちゃん?
!うん!
連絡ついたよー今迎えの人来るからね
うん良かった
村の子だった?
良かったねーもうひとりで道路歩いたらダメだよ
何かあったら大人の人にちゃんとお話しするんだよ
お菓子たくさんあるから持って行きなー
ン…
お土産までいただいて
迎えに来た村人の車で帰った
かやいつの間に行ったの?駐在さんから電話あってみんなびっくりしたよー
バイバイ
バイバイ
ご飯の時…
保育所に戻った私の冒険譚とお土産に他の子は大興奮!!
欲しい人ー?ほーれほれほれ
ワッハッハー
ワー
ワー
キャー
ワー
―かや
来なさい
…
サッ
ご飯途中でしょ!!
カボチャ食べ切るまでここで見てるからね
忘れてたー!!
一瞬また逃げ出そうかと考えたけど思い直して目を白黒させながら完食しましたとさ

なくて七癖
赤ちゃんの頃から私には
指を吸う
爪をかむ
というクセがあった
小さい子にありがちのクセだよね
うんやっちゃう理由もそれぞれだと思うんだけど
私の場合は「快感」
唇や指先の感覚がとても敏感で
【吸う】
唇も指も一緒に大満足!!
【かむ】
爪先への刺激がやみつき!!
こうして爪が伸びるとかじって短かくするので爪の白い部分がどんどん下がっていく
爪はガタガタだし、かみ合わせも悪くなり
アゴがずれちゃってるね
治療しないとダメだなぁ
お医者さんにも注意されていたのだが治らないまま5歳になってしまった
かやまだ指しゃぶりしてるの？
指しゃぶりしてる子は新1年生になれないぞー
私もしないよ
指しゃぶりをしているとみんなと一緒に進級できないらしい

そこまで進級に興味もなく
むしろずっと保育所にいられるならそれでも良いかも
赤ちゃんのままでいれば毎日毎日食っちゃ寝食っちゃ寝…
最高では!?
と思ってたのだけど
赤ちゃんのままが良い?
良いよー それならまずオムツしようかかや赤ちゃんだもんねー
やだー
すればー
赤ちゃんには赤ちゃんなりの大変さがあるようで
保育所を卒業するためにも指しゃぶりをやめなくてはと悩んでいたある日両親の部屋でテレビを見ていて
これだ!!
閃いた
新発売ジュエルリング♥
私はイチゴの王女様よ!
キラキラッとおいしさ見えて30円!!
はわわ…
指先の快感
指にはめた甘いキャンディ
Win!!
食欲の勝利…!!
これならいける!指吸いも爪かみも一度にやめられる!!

さっそく母にプレゼン
私欲のためではなく、成長のために必要と説得してOK…
ダメ
もらえなかった
なんでぇ？
ガーン
最後の頼みの綱がなくなり
このままでは保育所から出られないのではと心配になる
その頃たまたま指にケガをしてしまいバンソーコーを貼って指を吸ったら
うっ口触りが…
変な感じで
傷が治るまで指しゃぶりを止めたら
おー指のふやけたの治ってる！
スベスベ
数日でこんなに戻るんだなー
感心しつつも即指しゃぶり再開
パクー
ただ一旦通常の状態に戻った指を毎日しゃぶっていた時の軟らかさに戻すのは数日かかって
あっ今日指吸ってないから乾いちゃった…またイチからしゃぶるのか…
乾いた指って変な味するんだよな…
私は次第にその作業が面倒になってしまい、気付いたら指しゃぶりを卒業していた

初めての合宿体験
一度決めたら意思を曲げない私の頑固さやいつまでもすね続ける態度は村の思う子供本来の姿とはかけ離れていて問題になっていたようで
何が悪いんやろう
おかしいねー村の子なのに
甘えさせ過ぎなのでは？
子供らしくないな
子供は公人だよ
子供は群れで育つから…
5歳になった頃私は村が主催する1週間の合宿へ送りこまれた
かやはもう大きいから他の子たちとやれるよね
1週間したら迎えが来るから
ポカーン
一般の子供たちを集めて農業体験などをする合宿で
当初は保育園から中学生くらいまで色々な年代の子たちがいたと思うんだけど
そのうち幼・小・中と年齢別に分けられるようになっていった
日ましに馴染んでいく子供が多い中
母ちゃん…
早く来て…
私は食事もそこそこに玄関の見える場所へ座りこみひたすら迎えが来るのを待った
一般の子たちの中へ村の子を入れることで合宿の雰囲気作りをしてもらおうと考えていた村人もがっかり
かやー迎えはまだ来ないぞー
一般の子たちの方がよほど楽しんでるじゃないか
言うこと聞きなー

そんな調子だったのでもちろん友達もなかなかできなかったがある日
かやちゃん集会行こっ
えっ
私？…
合宿でも明るくて人気者の一般の子たちに集会に誘われた
夕食後みんなで集まって歌ったりゲームしたりするこの集会は子供たちの楽しみになっていて
えっかやちゃんって村の子なの？
うそー知らなかったー
これ…
すねて座りこみをしていた私は初参加
ここでみんな大好き
ゲームコーナーだ
イエーイ!!
パチ
パチ
パチ
人気コーナーだよ
へえ
ゲームの解答者やりたい人ー!?
おったくさんいるなー
じゃあ次はー…
は
!!
高田かやちゃん！
かやちゃんいるかなー!?
えっ
すごい！ラッキーだね
いいなー
えー
!?
誰もがやりたがる解答者に選ばれて照れつつもステージへ上がる
特別な子っぽい…
いつも泣いてる子だー
はーいこっち来てくださーい
なんであいつが…
エヘヘ…
はいかやちゃんでーす
いえーい!!
じゃあ始めるよー
イエーイ!!
パチ
パチ
パチ

背中に貼られた絵が何の絵かヒントをもらって当てるゲームで
食べ物？
果物？
トマト？
トマト
赤いー
野菜ー
当たりー
解答者は絵が見えている会場の子たちに質問ができる
次の絵は…これでーす
みんなヒントをかやちゃんに教えてあげてねー
牛とかトマトとか簡単な答えばっかりだったし私にも当てられそう…
ザワッ
ドキドキ
それではかやちゃん質問どうぞー
えっと…食べ物ですか？
ちがーう
動物ですか？
ザワ…
動物…か…？
色は？
…？
ザワ
色…？
ザワ
かやちゃん困ってるねー
みんなでヒントを教えてあげよう！
かやちゃんがなりたいものー
みんなもなりたいものー
笑顔ー
私がなりたいもの!?
人魚ー
ひとりはいる撹乱狙いのうそつき
おいっ
ザワ
ザワ
クスクス
ヒソヒソ
ザワ
ザワ
人魚？
キャッ☆
嫌いではない…動物でもないし色も…
まぁ良いや、分からないし…
答えは「人魚」ですか？
っっ
ブーッ外れー!!
ワッ

はいかやちゃんに拍手ー
えへへ間違えちゃった
でも楽しかったー☆
パチ パチ
パチ パチ パチ
正解はーー
そうそう答えは!?
「ハレハレっこ※」
でしたー!!
ハレハレ
ハレハレっこ
ギャハハハ
ハレハレっこ【はれはれっ子】(名)
村の理想とする子供像。
いつもニコニコして腹の立たない明るく素直な様子。良い子。
「ーーでやる」「みんな仲良しーー」
じゃあ次前に出て解答したい人ー?
はーい
はーい
恥ずかしさと怒りで頭がいっぱい
ワナ
ワナ
いつも泣いてる問題児を前に立たせて正反対の絵をつけるってさらし者じゃないか…
だからみんなクスクス笑っていたのか…
そもそもいつも集会にいない私が指名されること自体おかしい
ねぇねぇ私を誘ったのって…
あぁ集会? 進行のお兄さんから頼まれたの「ふたりでかやちゃん誘って連れて来て」って
そう そう
確・信・犯!!
村人の思う善のためなら何をされても文句は言えない
本人たちはあれで良いことをしたって信じてるんだろうけど
子供には感情がないとでも思ってるんだろうか…

※村特有の言い回し

思い出のメロディ①

朝のミーティングや合宿の集会で何かと歌うことが多い村なので
あっこの歌知ってる!!
♪タンタララランラン タンタラ ランラン
古い曲なのによく知ってるね!
ビューティフル・サンデー
一般に出てから馴染みのあるメロディに出合うこともある
でも
さわやか
にハレハレ♪
な日曜♪
!?
かやちゃん歌詞が違うよ
えっあれっあっこれもしかして替え歌だった!?
そっか一般で「ハレハレ」なんて言わないよね
村で覚えた曲は替え歌が多くて
これ村では「ハレハレ・エブリディ」って歌だったから…
サビは ハハハハ・♪ ハレハレ エブリデー
そうか村には「日曜日」がないから「サンデー」じゃなくて「エブリディ」になる訳か…
著作権とか大丈夫かな…

思い出のメロディ②

おっこの曲「リチャード・クレイダーマン」だね俺結構好きなんだー…って
どうしたかやちゃん!
顔が暗黒面に堕ちてるぞ!!
子供時代、起床時間になると毎朝館内放送で音楽が流された
NHKの『みんなのうた』だったりリチャード・クレイダーマンだったり
ただでさえ憂鬱な寝起きを彩る世話係さんの声と
ほらさっさと起きて掃除始めなさい!
もう起きる時間か…
もっと寝ていたいな…
切ない旋律が恨めしくて
今でもその時の曲を聞くと反射的に記憶が甦り
ほーら今は好きなだけ寝て良いんだよー
ねんねんよーおころりよー
憤慨しながらとりあえず寝る

学育へようこそ

新1年生
5歳になった私たちは
保育所を巣立ち
「学育《がくいく》」の宿舎の片隅を借りて
「新1年生」として親元を離れて
暮らし始めた
年からすると
幼稚園くらいの
年齢だよね
そう、でも
一般の幼稚園には
行かなかった
村では年代ごとに
保育所・幼年部・初等部
…とそれぞれ分かれて
いたのだけど
私が5歳の頃は
まだそこまで
仕組みが確立して
いなくて
小学生から高校生
くらいまで一緒くたに
「学育の子」だった
新1年生には専属の
世話係さんがついて
学育での生活リズムや
読み書きを教わった
日中はみんなでお勉強
はい、他に
「あ」のつく
物は？
あ
あし
あめ
あり
一緒にお昼ご飯
おやつ食べて
今日何？
おまけ付きの
グミだって！
お昼寝して遊んで

夜も新1年生だけで寝る
お休みー
保育所時代は毎晩ご両親の部屋に帰って一緒に寝てたのに淋しくはなかったの?
うん! みんなずっと保育所で一緒だったし
新1年生になってからも毎週土日は親元で過ごせたから
その当時は学育のある村に親も住んでいたので
母ちゃん!
村内で普通に親と会えたし
学育の宿舎と親の部屋は100メートルほどしか離れていなかったので
またかやがいる
お昼休みなど両親が部屋にいる時間は勝手に部屋へ行ったりしていた
さて保育所では一番上のお兄さんお姉さんとして過ごしていた私たちだが
学育へ来た途端一番下になってしまった
上級生が毎日村の外にあるという「学校」へ登校する姿はとてもかっこよかった

1年生になったら
私たちも「学校」に
行くんだよね！
早く行きたいね
学育に入るの
楽しみ！
新1年生は
まだ学育とは
別行動
当時の学育の世話係さんは温厚で
子供にあまり口出ししないタイプで
子供たちは自由に
伸び伸びと過ごしていた
小さい頃から周囲に大勢の
子供たちがいたので村の子は
話し始めるのも早かったし
まわりの子に揉まれて自然と
コミュニケーション能力や
連帯感も強くなった
たまに怒られたりもするけれど
下の子たちをよく見ていろんなことを
教えてくれる頼もしい上級生がいて
当時の学育はまるで
おーい
全員集まれー
特に低学年！
よく聞いてね
今度ー
子供たちによる
小さな自治区のようだった

村のテレビっ子
私が新1年生の頃はまだ学育にテレビもマンガも普通にあった
テレビは良いとしてマンガはどうやって手に入れたんだろう
私が見た時にはすでに上級生たちが個人で持っていたからどこから来たのかは不明だけど…
多分買ってもらったか上の子に譲ってもらったかしたんじゃないかな
雑誌もあったから一般の子と同じような情報も得られたし、髪の長さも自由だったの
本当にその頃は特別一般社会との差があった訳じゃないんだね
学校から帰るとテレビにかじりつく女の子
光GENJI出てる!!
キャー!!
みよはウチウミ君でかやはサトウ君ねっ
私たちも上級生に担当を割りふられ
私モロホシ君!!
あっずるーい私もモロホシ君が良い!
光GENJIのダンスに合わせ
踊り狂う
キャー
バターン
ドテーン
ドスドス
キャ

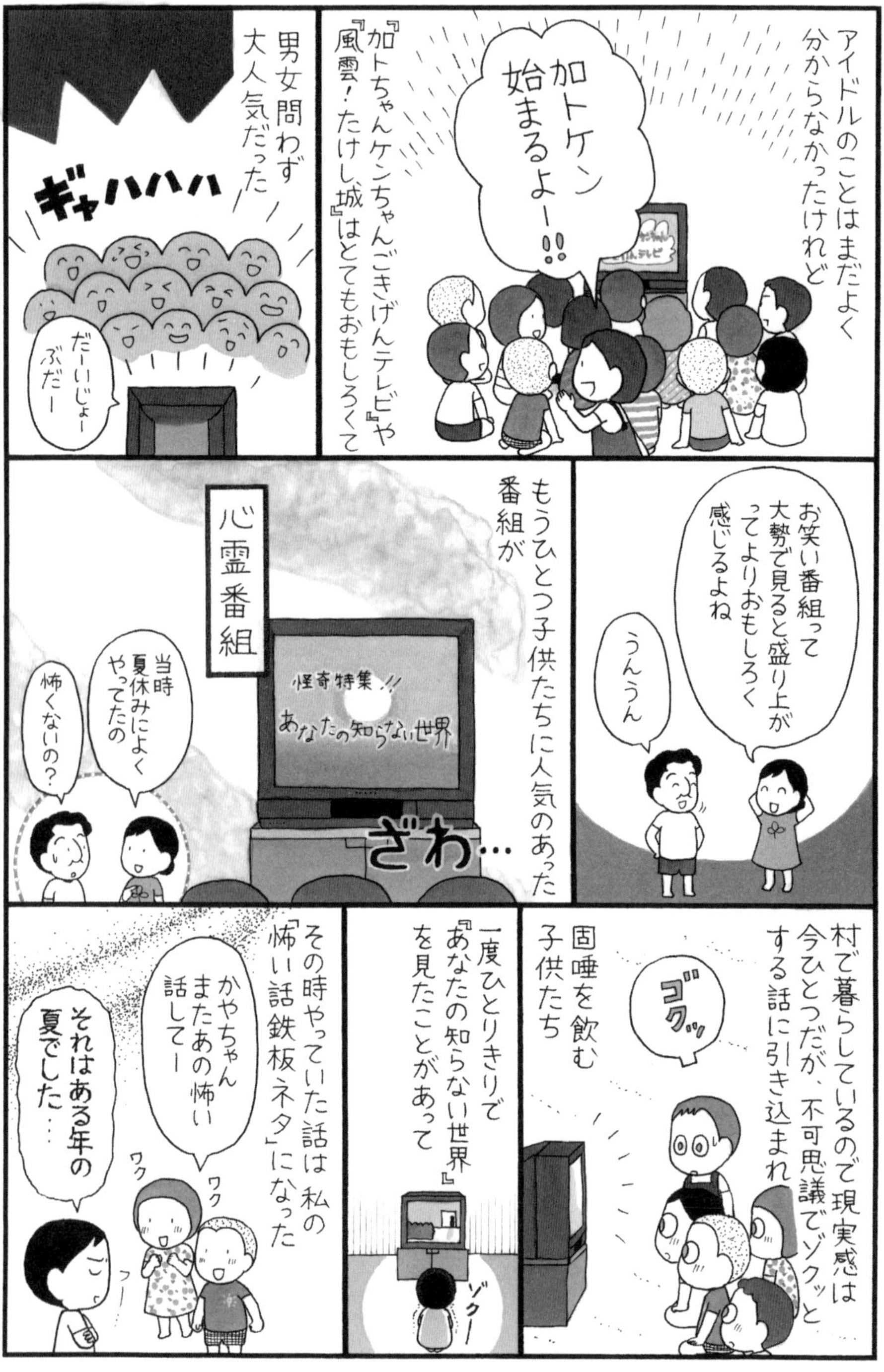
アイドルのことはまだよく分からなかったけれど
『加トちゃんケンちゃんごきげんテレビ』や『風雲！たけし城』はとてもおもしろくて
加トケン始まるよー!!
男女問わず大人気だった
ギャハハハ
だーいじょーぶだー
お笑い番組って大勢で見ると盛り上がってよりおもしろく感じるよね
うんうん
もうひとつ子供たちに人気のあった番組が
心霊番組
怪奇特集!!
あなたの知らない世界
ざわ…
当時夏休みによくやってたの
怖くないの？
村で暮らしているので現実感は今ひとつだが、不可思議でゾクッとする話に引き込まれ
固唾を飲む子供たち
ゴクッ
一度ひとりきりで『あなたの知らない世界』を見たことがあって
ゾクー
その時やっていた話は私の「怖い話鉄板ネタ」になった
かやちゃんまたあの怖い話してー
ワク
ワク
それはある年の夏でした…
フー

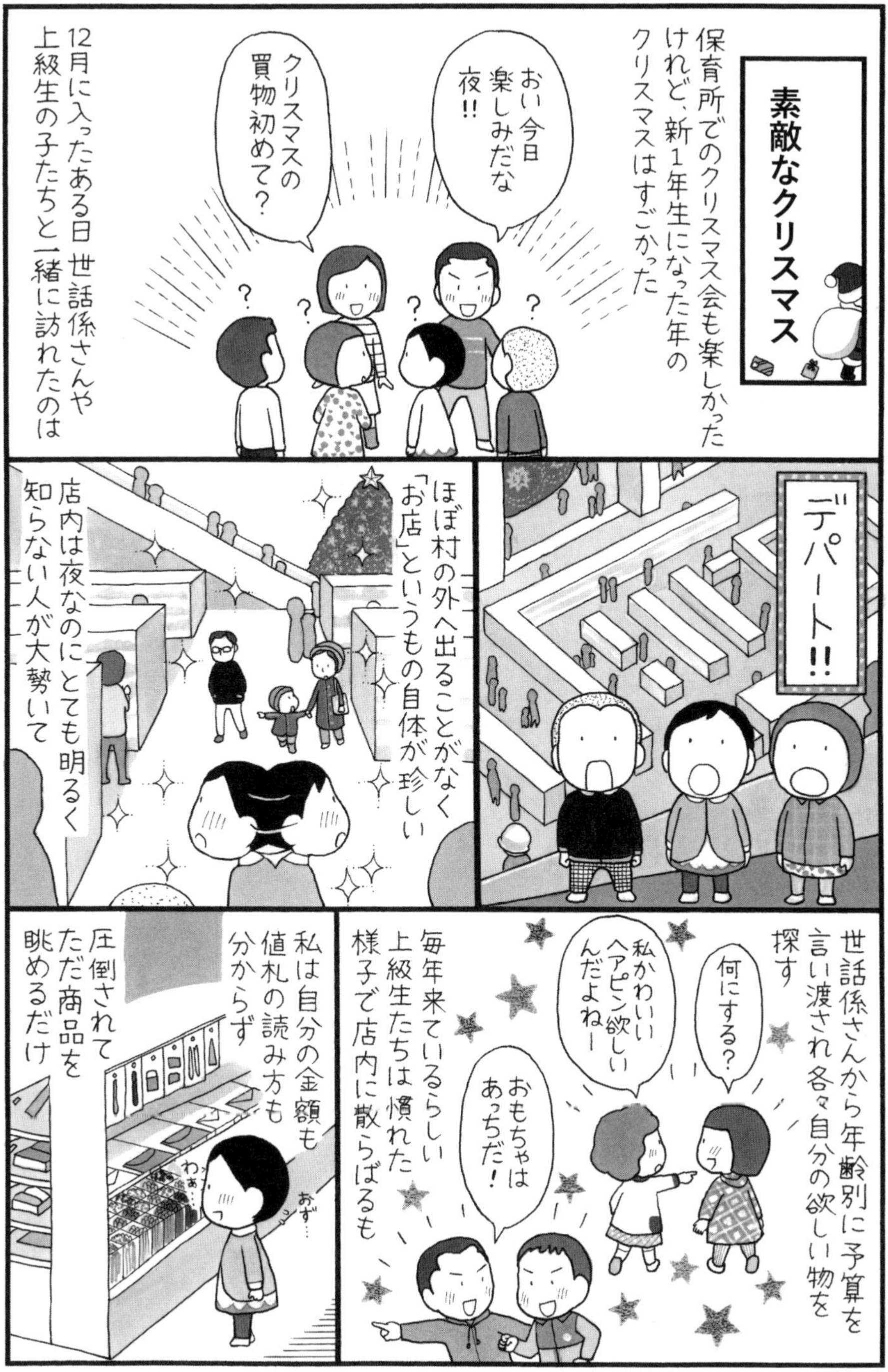
素敵なクリスマス
保育所でのクリスマス会も楽しかったけれど、新1年生になった年のクリスマスはすごかった
おい今日楽しみだな夜!!
クリスマスの買物初めて?
12月に入ったある日世話係さんや上級生の子たちと一緒に訪れたのは
デパート!!
ほぼ村の外へ出ることがなく「お店」というもの自体が珍しい
店内は夜なのにとても明るく知らない人が大勢いて
世話係さんから年齢別に予算を言い渡され各々自分の欲しい物を探す
何にする?
私かわいいヘアピン欲しいんだよねー
おもちゃはあっちだ!
毎年来ているらしい上級生たちは慣れた様子で店内に散らばるも
私は自分の金額も値札の読み方も分からず
わぁ…
おず…
圧倒されてただ商品を眺めるだけ

欲しい物が決まったら世話係さんへ渡す
はいはい
ヨウタはボールで
みよはぬいぐるみね
かやあんたまだ選んでないの？
私もう選んじゃったし、一緒に選んであげるよ！
困っていたら上級生の子が助けてくれた
欲しい物といってもデパートは広すぎて見たこともない物ばかりで
これは？去年他の子が買ってたの
かっこいいよ！
すすめられるままボールペンを選んで
うん それにする
全てプレゼントなので個別にラッピングを…
世話係さんがそれを買って
選んだプレゼントはクリスマス当日各自に配られた
はい次テツオのプレゼントー
かやちゃん何にしたのー
私なんだっけ…
こんな風に今まで知らなかった楽しいことがこれからたくさんあるんだろうなと胸が弾む雪の日だった

憧れの職業
新1年生は
自由時間が多い
上級生が学校へ行ってる間
気ままに村の中を歩きまわる
♪
♪
…
この頃になると母や父の職場より
興味を引く場所ができていた
村の厨房
あーらかや
また来たの
何かやることありますか?
うん
そこは私にとって魔法の国
コンロで煮えているおいしそうな何か
初めて見る調理器具や調味料
大人が出入りしている大型冷蔵庫の中の食材
乾物庫の不思議なにおい
足しげく顔を出しては自分にも何かやらせろとねだり
他に何か子供でもできそうなことあった?
箸でもふいてもらうか
仕事をGET
芋洗い中
ゴシ
ゴシ
刃物はまだまだ持たせてもらえなかったけれどピーラーを使った皮むきはさせてもらえて
ツィー
おお〜〜!!
当時一番お気に入りの作業だった
私今料理してる〜!!

とにかく「食」に興味があって料理ができていく過程も大好きで
かや、火の近くは危ないからもう少し離れてて
やることがなくても厨房に入り浸っていた
ある日いつものように厨房をのぞくととても慌ただしくて
ご飯炊けたよー
じゃあ少し冷ましてから…
なんかいいにおいする…
バタバタ
わぁー良いなぁー
これ誰の?
遠足のお弁当だよ
かやも1年生になったら遠足あるからね
初めて見た「お弁当箱」にすっかり夢中!!
かわいい形の入れ物の中においしいものがちょっとずついっぱい!!
この日以来「遠足」の日を心待ちにするようになった
巾着からいいにおいする…
弁当を巾着袋に入れるのを手伝った
はわわわ
お茶よし、お箸よし…あっフルーツ!
数あるよね
小学校に入学し初めて「将来の夢」を聞かれた時の私
かやちゃん「愛和館のお母さん」ってなに?
先生
「お母さん」になりたいのかな?えっ違う?
愛和館↓村の食堂の名前
お母さん↓村の女性の呼び方
あー、ご飯を作る人なんだ…

兄弟ってなぁに?
ある日村を歩いていたら
かや
お姉ちゃんになるんだって?
良かったねー
村人に声をかけられ母に赤ちゃんができたことを知った
お姉ちゃん…
もちろん村の子たちの中にも兄弟がいる子たちは大勢いたので兄弟の意味は分かった
村では兄弟って一緒に生活できるの?
年齢が近ければ同じ村の初等部にいることも多かったよ
中等部で別々の村になっても高等部は本部にしかないから年が近いと必然的に一緒になるね
でも同じ村でも「兄弟だから」と一緒にいる訳でもなく
学年ごとに動きが異なるし
兄弟同士で一緒に遊ぶ子ってあまり見なかった
だから私にとって「兄弟」とは
同じ名字だけど年が違う子で
※親元ミーティングの時同じ親の元へ帰る子
という認識だった
村ってなんでも話し合って決めるんでしょ?
ってことは兄弟の数とか産むタイミングとかも…?
どうだろう? ふたり兄弟が多かったけど3人とかひとりもいたし

※離れて暮らす親の家に泊まりに行く日のこと

ただ他の村人から
なにかや、あんたまた泣いてるの
かやがそんなんだからかやのお母さん安心できないんだよ
本当はもっと早く次の子産みたいだろうに…
私のせいで母が次の子を作れないと何度か言われたので
タイミングは親が決めてたのかな?
でも大人になって母に聞いたら「単に次がなかなかできなかっただけ」って言ってた
ふぅん
村で他の「兄弟同士」を見ても特に兄弟じゃない子と違う部分は感じなかったし
「兄弟ほしい」とか思ったこともなかった
大勢で暮らしてるから「兄弟」の感覚も薄いんだね
他の村人に
かや!良かったね!
お姉ちゃんだねおめでとう!
そ…そうかな?…
へへ…
たくさん声をかけられるのでなんとなく悪い気はしなかったけど
正直
父ちゃんと母ちゃん分けあうの!?
私の父ちゃんと母ちゃんなのに
親への独占欲が凄まじく全く嬉しくなかった
チッ
こうして6歳の時 妹が生まれ
小さい…
命名 あい子
母ちゃんに似てるね
一度だけ病院に連れて行ってもらえて面会した

その後はたまに親元へ行くたび
妹と会うことになった
いる
赤ちゃん↓
ダッ
いる
保育所↓
おねーちゃん
中等部に入ってからは同じタイミングで
親元ミーティングになることも少なく
妹とは年に一度か二度村のイベントで
会うくらいだった
いる
初等部↓
お姉ちゃん
「兄弟」がいるのには慣れたけど
正直ずっと「いなくても良い存在」だったよね私にとって
ふさおさんは違った？
俺そんなこと考えたこともない
3人兄弟の長男
村では「村はひとつの家族」という考え方で
あなたたち みーんな 兄弟姉妹よー
みんな仲良し
ハレハレッ子ー
と言っていたけれど
「家族」「兄弟」って言ってる村人は小さい頃家族で暮らしていた経験があるからそのイメージがあるんだろうけど
私からすると「家族」は「滅多に会えない人」だし「兄弟」は「たまに会える不要な人」
お互いのイメージにかなり差があるな
父も母も大学生までは両親や兄弟と一緒に生活していたので
兄ちゃんがいた
弟の面倒よく見てたわ
やはり私とは親・兄弟の概念が違う

親からすると産んで育てた経験があるから私と妹のどちらも「子供」の実感があるんだろうけど
子供からすると「兄弟」ってあまり関係ないよね
特に上の子！
まぁ人によるかな 俺はずっと「お兄ちゃんなんだから」って育てられたから「兄弟」の感覚って強いけどな
ずっと妹は不要と思ってきたが19歳で村を出て1年後に東京へ引越した頃
ピーポー ピーポー
ザワ ザワ
かや 母ちゃんが倒れた！
ピーポー
ピーポー
ピーポー
母が救急車で運ばれたことがあって
えっ
仕事帰り
父ちゃん一緒に救急車乗ってくから
入院になるかもしれないから母ちゃんの着替え用意して
分かった
どうしよう… 母ちゃん死んじゃうのかな…
怖い…
ピーポー ピーポー
これ母ちゃんの吐いたやつなんだけどどうしよう
あぁトイレに流そうか
その時生まれて初めて「あい子ちゃんがいて良かった」と思った
はっ
倒れた時どんな感じだったの？
妹あい子
「兄弟」って「親になにかあったら一緒に動揺する人」で
「一族の頭数を増やすのに必要な存在」なのかもね！
うーん…
どうなんだろう…？

若人の結婚事情
そういえば村人の結婚って恋愛禁止の「調整結婚」なんでしょ？
本人たちじゃなくて村が相手を決めるっていう…
うーん 私が大きくなった時分は確かにそう言われていたけど
小さい頃はそんな感じじゃなかったような…
そうなの!?
私のいた村には何人も若い人がいたのだけれど その中に
あけみちゃんというお姉さんがいて
このあけみちゃんを巡ってふたりの男性が火花を散らしていると噂されていた
あけみちゃんのことしんご君とまさおさんが狙ってるらしいよ
どっちと結婚するのかな
私まさおさんだと思う
年齢が近いこともあり村の若人は子供たちにとって身近な存在
どちらも若く 好青年で
運動神経抜群でモテる兄貴分のまさおさん
おとなしくてとっぽい感じのしんご君
子供たち（主に女子）の間でまさおさん派としんご君派に分かれ成り行きを見守っていた
私は以前まさおさんにりんごを分けてもらった恩はあったが
おっかやひとりか
リンゴひとくち食う？
「どちら派」というのはなく「三角関係」もよく分からなかった

結局あけみちゃんは
しんご君とゴールイン
まさおさんが好きだと思ってたー
でもまさおさん様子見してたから
モテる余裕であけみちゃんとられてやんの
結構お似合いだと思ってたけどねー
意味も分からないまま上級生の女の子たちの噂話を聞いていたある日
ダンプで行くけど3人乗れるかな
お待たせっ
大丈夫ー
まさおさんの運転で親元ミーティングへ行くことになった
(この時両親は保育所のある村へ移動していた)
ダンプカーの助手席に並んで座り出発!
まさおさん最近何してんの?
ペチャ
クチャ
んー豚のエサ運んだり馬の世話したりだな
ブォー
おしゃべりするうち話はあけみちゃんの結婚へ……
(子供は容赦ない)
ねーねーあけみちゃんとられちゃったの?
残念だね
うんうんまさおさんの方がお似合いだったのにねー
よく分からないけど皆の真似
私も会話に交ざりたくて口を挟んだら黙って聞いていたまさおさんが

急にハンドルから手を離し抱きついてきて
ガバッ
アクロバット!?
!
!
!
何事もなかったかのように運転に戻った
スッ
こんな子供の一言が嬉しいほどあけみちゃんを好きだったんだなー…
私はその時 初めて「恋が実らなかった人」を見た
噂話って案外でたらめばかりな訳でもないんだなってちょっと驚いた
まぁでもそんな感じで
当時は村の考えとか関係なく恋愛してるように見えたよ!
その後もなんとなくまさおさんのことは気にかかっていて
高等部の時村の文化祭の各村の紹介ブースで
あ
まさおさんだー 今はこの村にいるのかー
まさおさんを見つけ嬉しかった
村人紹介ファイル
おっ同じ名字の女性が隣のページに!
あー結婚したのかー そっかぁ
奥さん若くてかわいい…
あけみちゃんと同じくらい好きになった人と結婚できてたら良いなぁと思った

噂のスパルタ世話係さん
1年後私たち新1年生が正式に学育の一員になった頃
中高生は全員学育から出て行くの？
じゃーな！
「中等部」と「高等部」に入るんだって
そうみたい
バイバーイ
学育から上級生たちが順番に他の村へ旅立っていった
そして
ねぇ聞いた？新しい世話係さん来るんだって！
へー 大人も移動するんだ
どんな人なんだろう
それが…すっごく怖い人らしいよ…
他の村の子に聞いたんだけど悪さしたら平気で殴るって言ってた…
手にお灸をすえられて火傷した子もいるって
えっ
うそー!?
お灸!?
何々？
ヒソヒソ
不穏な噂にびびる子供たち…
父ちゃんにお尻叩かれたことはあるけど、女の世話係さんが叩くなんて本当かな
たまたまものすごく悪いことした子がいたから怒ったんじゃないかな
まぁあくまでも噂だから…
そんな鳴り物入りで登場した新しい世話係さんだが
みんなー今日から入った新しい世話係さんだよ
色々教えてね！
特に怖い人には見えず
なんだ優しそうな人じゃん！
みんなすぐ慣れて気にしなくなった

新しい世話係さんが来て しばらくたった時
別の村に新しく できる学育の 世話係さんになる ことになりました
ザワ
ザワ
それまでいた世話係さんが 配置替えでいなくなることになった
新しい世話係さんは 不安だろうけど
大分馴染んできてたし きっともうひとりでも 大丈夫でしょ
謎の上から目線
しかし新しい世話係さんになって 1週間もたたないうちに
みんなに 話があります
今日からテレビは 勝手につけないよ
※大人の人に聞いて 許可が出た時だけ 見ましょう
――えっ…!?
?
?
?
?
なぁにー
?
事実上のテレビ禁止
意味分かんない なんでダメなの?
光GENJIだけ かと思ったら アニメの時間も つけてくれない
いつ聞いても 絶対見て良いって 言わないし…
バカだなぁ 世話係さんいない 時こっそり見れば 良いんだよ
そうそう バレなきゃ良いの
そう言っていた男の子たちだが 数日後
おいっテレビ見てた やつら全員別室に 呼ばれたぞ
えっ バレたの!?

※村には大人が多いのでこういう言い方をよくする

世話係さんに呼ばれた後
涙目で戻って来て
…
大丈夫?
ムスー
どうしてバレたの?
他の子の質問に一切答えず
それ以来隠れてテレビを
見る子は いなくなり
ねぇ…顔はれてなかった?
じゃあ叩くって本当だったの…?
えっテレビ見ただけで叩かれるの…?
ザワ…
居間に置いてあったテレビも
宿舎の一番奥の部屋へ移され
その部屋にも
自由に出入りできなくなった
楽しかったイベントは
クリスマス? 村で宗教関連のイベントする訳ないでしょ
デパート? 何言ってるの?
どんどんなくなった
テレビだけでなく
個人で持ってるおもちゃ没収
ニコ
ニコ
みんなで遊べる物だけ居間に置いてあげるわ
え――!!
村の子はおしゃれ不要
全員散髪します
ニコ
ニコ
子供らしく男子は坊主で女子はショートね
え――!?
日を追って禁止事項が増えていく

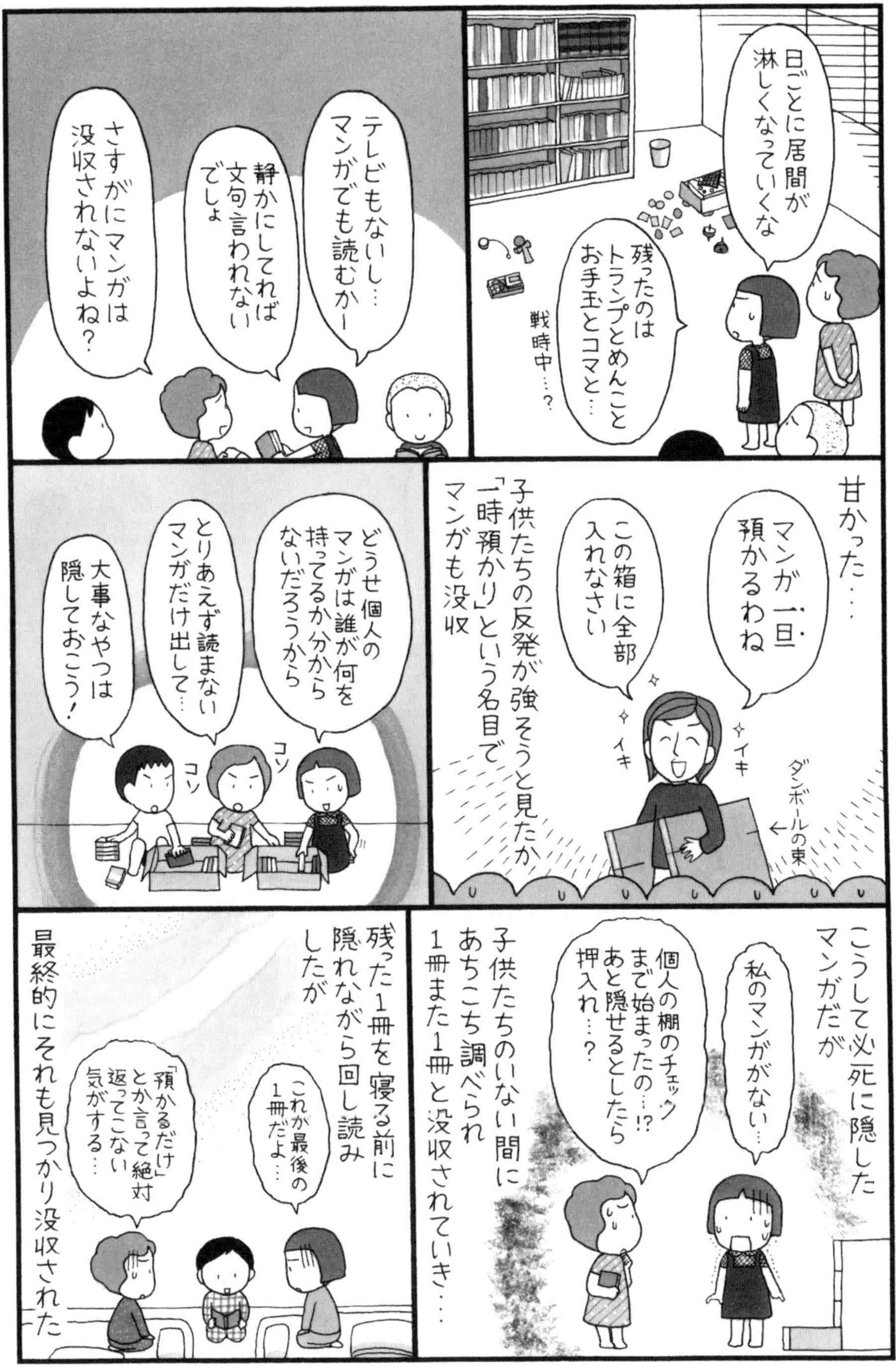
日ごとに居間が淋しくなっていくな
残ったのはトランプとめんことお手玉とコマと…
戦時中…？
テレビもないし…マンガでも読むかー
静かにしてれば文句言われないでしょ
さすがにマンガは没収されないよね？
甘かった…
マンガ一旦預かるわね
この箱に全部入れなさい
子供たちの反発が強そうと見たか「一時預かり」という名目でマンガも没収
イキ
イキ
ダンボールの束
どうせ個人のマンガは誰が何を持ってるか分からないだろうから
とりあえず読まないマンガだけ出して…
大事なやつは隠しておこう！
コソ
コソ
こうして必死に隠したマンガだが
私のマンガがない…
個人の棚のチェックまで始まったの…!? あと隠せるとしたら押入れ…？
子供たちのいない間にあちこち調べられ1冊また1冊と没収されていき…
残った1冊を寝る前に隠れながら回し読みしたが
これが最後の1冊だよ…
「預かるだけ」とか言って絶対返ってこない気がする…
最終的にそれも見つかり没収された

いろんな物を取り上げられた上級生と違ってまだ「個人の物」をほとんど持っておらず痛手が少なかった私だが
親元ミーティングですが
今週はありません
えっ…
変化はそれだけにとどまらず
それまで毎週末親に会えていたのに
ただいまー
おかえりー
その間隔が2週間に一度・3週間に一度とどんどん空き始めて
おかえり
ただいま…
親に会える日が月1回になった頃から私は親と離れるときに毎回大泣きするようになった
まだ帰りたくない
えーーん
母ちゃんと一緒にいたい
えーーん
おかあちゃ〜ん
次いつ会えるの
毎週会えた頃は平気だったんだけど急に変わったから受け入れきれなくて…
最終的に親と会えるのは3ヶ月に1回になっちゃった
親子の時間を減らすって多分大人の都合だよね
大人が楽な方、自分たちのやりたいことが優先できるようにという変化に見える
「みんなの意見で村を作ろう」っていう「みんな」に子供は入っていなかったんだね…

おねしょガール
親元ミーティングのたび泣き
それ以外でもことあるごとに泣いて
拗ねる子供は私くらいで
おいうるさいぞ
またかやが泣いてるもう見飽きたぜ
すっかり問題児となってしまった
かや6歳
年齢と共に減っていた
おねしょも
夜中ちゃんと起きておしっこ行ったのに…
かや今日もおねしょしたーもう嫌だー!!
毎日するようになり
一緒に寝ていた上級生から
すっかり嫌われてしまった
ふたり一組で寝てたんだね
ほらもっと端に行けよ
くっさいからこっちくんな
カーテン
掃出し窓
外
グイグイ
毎晩布団の端に
追いやられ
布団と窓の
隙間で震えて眠る
ガタ
ガタ
夜は気温が下がるため
窓にぴったり体を押しつけられると
本当に寒くて
厚みのあるカーテンだからかぶってみたけど
ちっとも温かくならない…上で吊ってるから重みが足りないんだ…
寒い…
眠れない…
寝る部屋は男女別で小1〜小6まで
全学年縦割りの8〜10人部屋

寝る前に布団を敷くのは
年下の役目だったので
やられてばかりでいるものか
毎晩布団の端をきっちり
窓に寄せ畳の隙間が
空かないように敷いて
布団があるとバレないように
少し抵抗しつつ端へ押され
ほら窓まで行けよ!
ヤメテヨー
サムイヨー
グイグイ
私のダメージを確認し満足した
上級生が寝入ったら
zzz
そ…
静かに掛け布団を引っ張るという
ワザを編み出し
大分マシに眠れるようになった
そしてその後は遊びであろうと
何かを寝かせる時は
布団の掛かり方を
異常に気にする
ようになり
ほうら寝ましょうねー
あったかくしましょうねー
ギュッ
ギュッ
今でも夜寒くて目が覚めた時 隣にあの上級生の気配を感じて息を殺してしまうし
ニュースで「子供がベランダに出されて凍死」とか聞くとどれだけ寒かったかと想像して泣きたくなる
ほら毛布だよー
そのうち一緒に寝る子の組み合わせが変わったから私はまだ良かった方かな
あったかい…
ぬくぬく
おねしょがひどくてトイレに寝かされてた子もいたから
トイレで寝てたの!?

おねしょボーイ
新しい世話係さんが来て少しした頃学育へ入部してきた兄弟がいた
今日から入った新しい仲間です
髪が長い…一般から村へ来た子だ…
世話係さんが怖くて大分静かになった子供たち
シン…
すぐ他の子とも馴染んだ
丸坊主にされちゃったね
うん、でも僕野球やってたから坊主は平気
野球できんの!? やろうぜ!
投げれる？
お兄ちゃんはスポーツマンで賢く弟君も愛嬌があり
なんかヒヨコみたいにかわいい顔してるわ
しばらくは世話係さんも優しかったのだけど
機嫌が良い…
いつまで続くかな…
ホッ…
弟君はとてもマイペースで
掃除の時間どこ行ってたの!!
あんた怒られてるって分かってる!?
?
世話係さんに怒られても全く応えることなく
罰としてひとり別室に閉じ込められても折れるどころか何時間も平気な顔で過ごした後
廊下からのぞく子供たち
すげぇ
まだ入れられたまま？
最長記録だ
最後には
部屋のガラスを蹴って割り大騒ぎに…
ガッシャーン!!
何今の音!?
えっガラス割った!?

かわいさ余って憎さ百倍
すっかり目をつけられた
弟君は
食事の席も世話係さんの隣にされて
いつも監視されるようになった
？
他の子と同じことをしても
その子だけ代表で怒られたり
どうせあんたが
やったんやろ!!
女子の
怒られる代表
怒りやすいん
だろうなぁ…
怒りやすい顔とか
叩きやすい顔って
あるのかな…？
私も毎日おねしょしてたけど
夜中何回
起こしても
起きないし!!
おねしょ治す気
あるの!?
その子はおねしょを理由にひとりだけ
トイレに近い別の部屋で寝かされる
ようになり
トイレトイレ…
って うわっ
廊下で寝てる!!
どんどん布団を
敷かれる場所が
トイレに近付いていって
ついにはトイレの中で
寝起きさせられていた
まじか
へこたれない
もともとボロい宿舎
だから、廊下だろうが不潔さ
は大差ないんだけど
トイレって水場だし
冷たいタイルの上に布団
敷いて見せしめみたいに
寝かされて
私もこのままだとトイレで
寝かされるかも…って
気が気じゃなかったよね

実は有能?
一方的な禁止令や容赦ない体罰で
すっかり学育を支配した世話係さん
以前の優しい世話係さんを知っている子供たちの心は団結していたが
この人は敵だ!!
他の村からの移動などで新しい子が増えてくると
世話係さん かやちゃんが汚い言葉遣いをしてました!
世話係さんの機嫌をとるため告げ口したり顔色を窺って取り入ろうとする子が出てきて
前の世話係さんみたいに今の世話係さんもそのうち移動すると思ってたのに…
全然動く気配ないんですけど…
叩かれて立たされている
嫌な予感…
まぁ厳しくて怖い人ではあったんだけど
今考えると能力は高かったんじゃないかと思うんだよね
何の能力?
それまでは自由に楽しく
ほらもう片付けて!!
寝る時間よ!!
ある意味野放しだった
子供たちが

世話係さんが替わってからは
※朝夕の労働!!
※村では子供にも分担制で労働の時間があった
労働後はラジオ体操とマラソンで体力作り!!
朝のミーティングでプレッシャーをかけ
子供たちが学校へ行ってる間に宿舎の修繕や季節物の準備をして
おひな様も出さないと…
子供たちが帰って来たら宿題させて
分からない所は教えて
丸文字を書いていたら叱りつけ
なんなのこのふざけた字は!!
夕食後は
箸の持ち方講習!!
夕食中に子供の箸使いをチェック
正しい持ち方で大豆を移動させな
3往復できたらこの部屋から出て遊んでよし
あっ
歌や劇の練習!!
選曲から演技指導まで
もっとお腹から声を出しなさい!
本気で歌わんといつになっても終わらないよ!

寝る時間が過ぎているのにおしゃべりしてる子たちは廊下に正座させ
寝たくないならずっと座ってなさい
私はもう寝るから
夜中にはおねしょ組を起こしてまわる
さっさとトイレ行きなさい!!
指導方法はどうであれ、私はこれをひとりでこなせる自信はない
っていうかムリ!!
他にも学校からのお知らせや集金も全学年分チェックしなきゃいけないし
能力云々より
明らかにキャパオーバーでイライラしてるように
見えるんだが…
男の子らしく
女の子らしく
子供らしく
村の子らしく
この頃から村では何かと「らしさ」を求められるようになった
毎晩練習した歌や劇は月に一度の村人の懇親会で発表され
見違えるような子供たちの姿に大人たちも大いに感心し
思いっきり歌っているのが子供らしくて良いな!
噂通りのやり手だ
あの人に任せておけば安心だ
村人からの評価は非常に高いようだった

喪失感を知った日
私が2年生になった時 幼なじみのみよちゃんや男の子たちが親の移動に伴って他の村の学育へ移ることになった
ばいばーい
手紙書いてねー
食い過ぎんなよー
じゃあなー
オッケー
手紙も出せるし村のイベントでも会えるので悲愴感もなく別れはあっさりしたものだった
みよちゃん元気ですか？私は元気だよ……っと
お手紙お手紙
でも数ヶ月後の親元ミーティングの日に親の暮らす村へ行く途中いつものようにみよちゃん一家のいた養鶏場へ寄った時
ほい着いたぞ降りろー
今はこの子の親が住んでいる
はーい
いつもみよちゃんのお父さんとお母さんが待っていた場所には誰の出迎えもなくて
養鶏場はまるで火が消えたように静かだった

なんで誰もいないんだろう
この養鶏場ではいつも二人並んで大歓迎されるはず…
違う、みよちゃんのお父さんお母さんだからそうだったんだ
保育所時代からいつだって養鶏場へ来たらみよちゃんの両親が待っていてくれた
物心ついてから当たり前のように続いてきた幸せな時間は
みよちゃんたちはもういない
この養鶏場に来ても会えない
あの光景は二度と戻らない
当たり前のようにやって来ると思っていた明るい未来と共に一瞬で消えた
その後も養鶏場へ寄るたび
いるはずのないあの家族を無意識に探しながら
日々は続いていくのだった
ただいまー
おかえりー

獣医さんファミリー
高等部・中等部の発足から遅れること約1年、ようやく村に「初等部」ができて
私たちも「初等部」?
何か学育と違うのかな
名前が変わるだけみたいだよ
学育に残っていた小学生たちはこれ以降「初等部生」と呼ばれるようになった
そんな折新しく一般から村へやって来た家族がいた
一般から村に入る方法は?
確か「特別講習ミーティング」の後「ミーティング合宿」へ参加して
それでも村に入りたいという意志のある人が…って感じかな
今は分からないよ?
人員の少ない村だったし村人は古くからいる人ばかりで
一般から村に来た大人を初めて見た
お父さんは一般で獣医さんだったようで養牛部へ、お母さんは食堂へ配属になった
おはようございまーす
おはよう!
その頃私が担当していた朝の労働が食堂掃除だったのでよく会うことになったその人は
朝からばっちりお化粧をしていて
いやーん間違えたー
キャピ
キャピ
チュウ
ん?
声がかわいくて

キャーッ
ネズミッ!!
ヒィ〜〜!!
ガチャーン
ヨッ 新人?
ちょっとしたことで子供みたいに驚いた
食堂担当の村人たちは
クスクス
あんな格好で化粧なんかして
ヒソヒソ
どこのおじょうさんなんだか
なんだかその人を小バカにしてる感じで
先に村にいた人の方が偉いみたいな雰囲気だな
それまで村には昔からいる人しかいなくて、排他的な大人を見たことがなかったので変な感じだった
へっぷちょい!!
ヒャーハッハッハ
プププ…
すごいクシャミ!
その人は変わったクシャミをする人でクシャミをするたび笑われて
あー違う違う そうじゃない
ちゃんと聞いて!
何かと注意をされていたけど
いつも明るく
今日も朝早くから偉いね
ご苦労さま
学校は楽しい?
他の村人のように大人と子供を区別して態度を変えることもなく
それでその…あの子泣いてない?
コソッ
泣いてないよ! 大分慣れたし 今日は宿舎の掃除してるよ
初等部に入った息子のことをとても気にかけていた

村の大人が初等部生と会っても
あら学校？
いってらっしゃい
ゆかちゃんのお母さんだ
いってきまーす
子供→
自分の子供だけ特別に構うことはないのだが
学校？気をつけてね
いってきまーす
その人は自分の息子をいつも見ていた
ああいう所は村人から見るとダメなんだろうけど
自分の子に思わず目がいくお母さん見るとホッとしちゃうな
古くて暗い村の厨房でばっちりお化粧して働く姿はロックだった
テキ
パキ
煮物出まーす
こっちもできるよー
はーい
その人がすっかり食堂に慣れて動きもよどみなくなってきた頃
その家族は急にいなくなってしまった
他の村に移動したのかな…
…
一般社会に戻ったと後で知った
少し淋しくなった厨房で
あのクシャミ!!おもしろかったねー
「へぷちょい!」やろ？
変な人だったねぇ
その人のクシャミはしばらく語り継がれた

カルト村で出会いました。

私の両親編

さてここからは特別編と致しまして、私の両親の話をしたいと思います
パチ パチ パチ
イエーイ!!
パチ… パチ…
イ、イエーイ…?
ふたりの生いたちから村に入った理由や結婚のいきさつなど…
私の生まれた頃の話を描くならそのルーツも必要だろうと
半ば無理矢理両親から話を聞きだしました!
ご両親…
すみません…
かやちゃんのご両親はふたりとも大学生の頃村に入ったんだよね
そう 村を知ったのも大学時代だったみたい
ちょうど私が村を出ようと決めたくらいの年頃だね
たしかそれぞれのご実家での反応がかなり違ったんだよね
そうだね 村へ入った後今でも親交のある父方と一切やり取りのない母方
今回父方の伯父さんからも話を聞いたよ!
父方のおばあちゃんはたまに村へ遊びにも来てたし村について好意的なのかと思ってたんだけど
今回話を聞いてみたら普通に大反対だったらしくて驚いたよ
理解できなくても否定しないで付き合えるってすごくない?
と、まぁここで話しているのもなんですので
それではどうぞ特別編をお楽しみください
まずは父の話から…

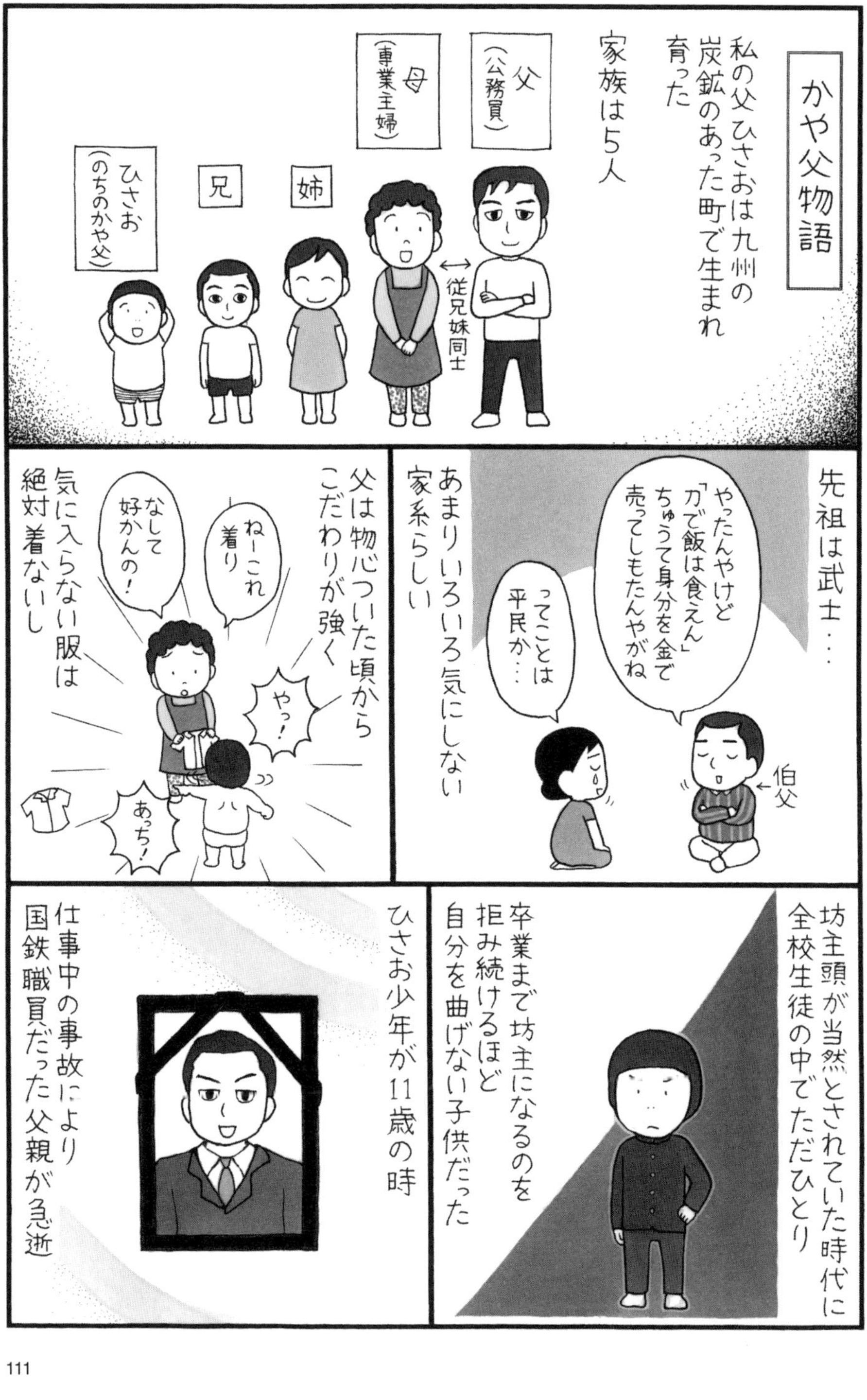
かや父物語
私の父ひさおは九州の炭鉱のあった町で生まれ育った
家族は5人
父（公務員）
母（専業主婦）
従兄妹同士
姉
兄
ひさお（のちのかや父）
先祖は武士…
やったんやけど「力で飯は食えん」ちゅうて身分を金で売ってしもたんやがね
ってことは平民か…
伯父
あまりいろいろ気にしない家系らしい
父は物心ついた頃からこだわりが強く
ねーこれ着り
なして好かんの！
やっ！
あっち！
気に入らない服は絶対着ないし
坊主頭が当然とされていた時代に全校生徒の中でただひとり
卒業まで坊主になるのを拒み続けるほど自分を曲げない子供だった
ひさお少年が11歳の時
仕事中の事故により国鉄職員だった父親が急逝

父の家には代々続く自慢のぬか床があったそうなんだけど
おばあちゃん家行くたび聞いた話
事故の連絡をもらった日おばあちゃんはぬか床を混ぜるどころじゃなくて
翌日見た時にはもうぬか床はダメになっていたんだって…
たった1日で…
3人の子供を抱え残された母親は勤めに出ることを決意
じゃあ行ってくるからね
留守番しちょくんよ
はーい
いってらっしゃい
公務員として働きながら女手ひとつで子供たちを育てた
100円券
父親が亡くなった1年後
一番上の姉が心臓の病気で夭折
家族は3人だけになってしまった
この子たちは無事に育ててあげないと
俺が早く就職して家族を養おう
立て続けに不幸があったんだね…
子供が病気になったのは従兄妹同士で結婚したせいじゃないかって
おばあちゃんはずっと気にしていた
亡くなった伯母の写真見ると私にそっくりで不思議な感じ

しっかりものの兄は高校卒業後すぐに就職し大阪の国鉄で働き始めた
ひさお 母ちゃんのこと頼むけね
お前は何も心配しないで勉強頑張り
うん
父は通っていた高校の国語教師にとても影響を受け
俺もこんな先生になりたいな
教職を志すようになった
「学校の先生」のステイタスが高かった時代
すごいやん!
やったやん!
家族の応援もあって無事合格し奨学金をもらいながら大学へ通えることになった
私大学行ってないから分からないんだけど
奨学金って学力ないともらえないんでしょ? すごいねぇ
お父上の努力もあったと思うよ
さてこうして大学で学び始めた父が
初志貫徹して教師になれば「めでたし、めでたし」な訳ですが
そうは行かなかったのね…
そして私もいなかった訳ですが…
父が大学へ入学したのは※70年安保闘争の後で
アンポ
ハンターイ!!

※日米安全保障条約の改定に反対する闘争

政治や教育・社会などに対し
熱き思いを主張する
先輩たちの姿に父は
社会を変えよう!!
俺たちで良い方へ変えよう!!
すっかり心を掴まれてしまった
長髪にした父
しかしあっという間に
学生運動は下火に
あんなに理想に燃えていた先輩
たちは皆何事もなかったかのように
就職していった
あのデモはなんだったんだ…?
まだ何も変わってないじゃないか
俺はこれからどうすれば…
学生運動がなくなり行き場を
失いつつも同じように気持ちを
残した学生は大勢いたようで
これからは大きな社会より小さな社会だ
自分たちで理想を実現した小さな社会を作ろう
こうしてそれまでの学生運動の
対極ともいえる動きが
各地で広がっていった
それが共同体(コミューン)運動だったの!
ようやく村の話だー
「この頃が」なのか「いつの時代も」なのか知らんが
大学の勉強はいつするんだろう?

さて学業そっちのけで友達とあちこちのコミュニティを覗いてまわる父だったが
次はあそこだ
一体いくつあるんだ
あちこち見てみようぜ
人は多くてデモや集会も盛り上がっているけど
終わったら酒飲んで解散か…
ここは「平和な暮らしを!!」と言ってる割に
住人同士の仲が悪いな
「運動」「コミュニティ」っていって人を巻き込んでも結局パフォーマンスなんだよな
やってることは形だけの事なかれ主義だ
俺は中身がほしいんだ…
いまいちピンとこなかった
そんな折
ひさお!
おもしろいとこあったぞ
仲の良かった友人がある共同体を見付けて来た
あぶくのようにできては消えるコミューンだらけのこの時代に
なんと20年以上続いてる農業主体の共同体だ規模も半端じゃない
へー!!
それが当時日本で最大の共同体「カルト村」だった

誰でも入れる合宿をやってて俺も行って来たんだが興味深い体験だったぞ
なんせスローガンが「コネも上下関係も金もいらない仲良しの村」だ
おまえが行ったなら俺も行ってみるか
こうして村の主催する「特別講習ミーティング」略して「特講」に参加した父は
衝撃を受けた
ここは言っていることとやっていることが一貫している
生活も農業も含め皆が幸せになるにはと考えて
その理想の暮らしを本気で社会に見せようと思ってるんだ!
特講ですっかりその共同体にハマった父は大学を休んでは村へ出入りするようになった
なんか、すぐ大学辞めて村入りたいって言ったら家族に止められてとりあえず「休学」にしたんだって
せっかく入った大学だからね…
しかし1年後 埒《らち》が明かないと焦《じ》れた父は
俺のやりたいことは大学じゃできない
村に行くよ
なん言いよんかね
どこ行くんね
わりぃ母ちゃん
家を飛び出してしまった
驚いたのは母親から連絡をもらった父の兄だ
なにっ!?
落ち着け母ちゃん俺が行くから!

早くに父親を亡くして以来
一家の長男として責任を
負ってきた伯父にとって
父は守らないといけない
大事な弟だった
俺が働いて支えるから
ひさおには苦労せず
大学で好きなことを
勉強してほしかったのに
それをたった2年で
あのバカ…
村って前言ってた
「お金のいらない社会を
実現した村」か…？
休みがほしい!?
どうした？
スンマセン
家族がちょっと…
何言ってんのかよく分からなくて
色々調べて武者小路実篤の
「新しき村」とか読んでみたが
あいつはつまり
ユートピアを作り
たいんだろうか
なんにせよ母ちゃんが
不安がってるから
ほってはおけん!!
さてその頃 父は
九州の山奥にいた
その地に新しく村を
立ち上げるため
日雇いの土木作業をしながら
金を稼いでいた

まずは「金」なんだ…
村を作るにしても土地を借りる資金がないとね！
前も思ったけど村って「金」のある一般社会があるからこそ成り立ってるよね…
皮肉なことにね！
とにかくお金がなくて寝起きはボロボロのバラックで
土木作業の合間に食べる村から持参した弁当も
中身は
千切りキャベツ
小さな梅干し
ご飯
アルマイト
世の中結構豊かになって物も溢れている今の時代に
バラック暮らしで飯も満足に食えなくて
村って…理想の社会作りって…
またキャベツか
肉食いてえなぁ
まだマシになった方だぞ
前は梅干しすら入ってなくてなー
ここまでやるのか!!
父は若かったのでその苦労すら魅力的に思えた
弟を訪ね大阪から駆けつけた伯父はバラックを見て絶句
…ひさおこれのどこが理想なんや
こんな暮らしがしたかったのかお前は
兄ちゃん！

伯父は父を連れ戻しに来たことを村に伝え、双方の話し合いの場がもたれた
母が心配しているので一度連れて帰ります
刺激しないよううまくやらないと
そうかお母さんが心配なさってるのか
一度帰るのも良さそうだね
ハッ
この時対応した村人に伯父は見覚えがあった
はい
向こうは気付いてないけど 高校時代の先輩だ…！
家業の魚屋を小学生の頃から手伝っていたのをよく見かけたから知っている
そんな人がここにいるのか…
今日はもう遅いから明日でどうだい
そうします
若い人だけでなく老人も乳児もいたし、あれならエスカレートして過激派になることもないかな
お前母ちゃんに「何がやりたいのか」ちゃんと話しちょらんやろ ちゃんと話しちゃらんと
うん…
こうして伯父に連れられ家に戻った父は
みんなが仲良く平和に暮らせる理想の社会を作りたいんだ
パフォーマンスじゃなく地に足をつけて共同体運動がしたい
もう俺の気持ちは変わらない
でもこの家はあんたたちがお嫁さんもらって一緒に暮らせるよう作っちょんよ 母ちゃんはひとりになるんよ
母と兄の3人で改めて話し合った

そしてご家族にOKをもらった訳だね
おばあちゃんは最後まで理解してはくれなかったらしいんだけど
伯父さんが
お前の言ってることはさっぱり分からんが
そこまで言うなら行けば良い
お前が行きたがっていた大学へ行かせてやったように村へも行かせてやりたい
すごいお兄さんだね
弟想い…
父は「家族のうちふたりも早く亡くしているから、やりたいことをやった方が良いという人生観が兄にあったんじゃないか」って言ってたけど
伯父さんとしては「俺にできることは母ちゃんを安心させ弟を見守ることだ」
「村の行く末は分からないけどあいつが傷ついても帰る家があるようにしておこう」と思ったらしくて
母親を見守るためすぐ大阪の仕事を辞め九州に戻り地元で再就職
お世話になります よろしくお願いします
よろしくー
そうして村のことで頭が一杯になっている弟を
連絡はマメにしぃよ
気ぃつけりよ
じゃあ 俺行くよ
電話するね
送り出してくれたのだった

かや母物語
さてここからは母の話に移ります
母は信州出身ですが
イエーイ!!
先祖は元々京都に住んでいたそうで
江戸時代に京都から3人のお公家さんが信州に来てね
それぞれお殿様、庄屋様になったんだけど
母の先祖は「庄屋様」村のど真ん中に家があってお墓も離れた場所に別個に建っていたんだって
へー立派なお家なんだね
よく父が
だから世が世なら母ちゃんはお姫様なんだよ!
すごーい!!
ワクワク
と冗談めかして話してくれたが
まーたそんなこと言って…
母に言わせれば
「本家」だったらまだしもうちは「分家」だったから
そんな大そうな話じゃないのよ
とのことで
まぁよく分からないけど本家とは別に分家が4軒あって
5軒で共同貯金をしたりするくらい結びつきは強かったんだって!
ご親戚が多かったんだね

当時信州は他の県から視察が来るほど教育県として知られていた
身近にも教育者が多く
本家のおじさん
校長・教育長を歴任
おばさん
教師
母は自然と教職を志すようになっていった
女の子は大学なんて行かなくていいだろう
女に学問は必要ない
勉強なんかより嫁に行って子供を産むのが一番だ
まだそんな意見も多かった時代
周りの声には耳を貸さず応援し見守ってくれたのが母の父だった
そうか大学受かったか!
よく頑張ったなぁ良い先生になれよ
はい!
母は奨学金と親からの仕送りにより国立の教育学部へ進んだ
たくさん勉強し
サークルにも入り
茶道部
充実した日々を過ごした

さてこのまま母が大学を卒業し、夢だった教師になれば話はおしまいだった訳ですが…
そうじゃないのね
どっかで聞いた展開だなー
事の発端は
行動力と好奇心が旺盛なひとりの先輩だった
フィールド調査が趣味で日本各地を旅してまわっていたその茶道部サークルの先輩は
旅の途中「カルト村」に出合い持ち前の探求心から「特講」も体験
大学へ戻って来たその先輩から村の話は一気に大学全体へ広がった
なになに?
聞いた?
おもしろーい
私も行こうかな
大学
ここでちょっとおもしろいのはそれがきっかけで特講を受けたり村へ入ったりする子が何人もいた中
そのきっかけを作った本人は村には入ってないんだよね
あくまでも趣味で経験してそれを人に伝えただけなの
父に村を教えた人も村には入らなかったらしいし
「自分で知った人」と「友人を介して知った人」では何か違いがあるのかなー
新し物好きは興味が他に移りやすいとか?
俺も自転車で日本一周しようって友達に誘われてその気になったけど
結局実行したのは俺だけだったな

母の友人も村の話を聞き興味を持った
きよ子さん
この前先輩に聞いた村に行ってみようかと思うんだけど一緒に行かない？
俗世間から離れた山の中で一風変わった体験ができるらしいのよ
母はその時何も知らない状態で
山の中の先輩の家でお泊まりするのかな？
申込書
私ももう4年生だし知見を広めるためにもあちこち見ておこうかな
そう考えて友人について行くことにした
勘違いして行っちゃったんだって
「始めからどういう所で何をするか分かっていたらおそらく行かなかった」って言ってた
活動家のお友達に引っ張られたのか
勘違いから参加してしまった村の特講が
こんな物の考え方や自然の理《ことわり》を勉強できる場所があったんだ
何も知らないでただおばさんが教師だから自分も教師になるんだと思い込んできたけど
母を変えた
それで私は幸せだろうか
私が幸せになることが親にとって一番の幸せなんじゃないだろうか
私はこの村で幸せな生き方がしたい

驚いたのは家族だ
な、何を言っているんだ
卒業は目の前なんだぞ!?
教師の道を捨て村へ入りたいと言い出した母にそれまでずっと味方だった父親は
許さん!!
気でも狂ったか!!
激昂した
卒業に必要な単位は全て取れていて
あとは卒論を出せば卒業という段階だったんだって
教師コースは目の前!
大学へ行かせてくれた親御さん的にはせめて卒業して欲しかっただろうね…
お願いだから教員採用試験は受けて
ここで退学したらこれまで4年間学んだことがゼロになるのよ
せめて受けてから考えても良いでしょう
家族の必死の説得により
県の教員採用試験を受けた母だが
これで落ちればお父さんたちも諦めてくれるかな
やる気がないため答案用紙をほぼ白紙で提出
ところが
えっ…
合格
届いたのは合格通知だった

教員の姪で教育長の身内だったからか
どんな力が働いたのか真相は分からない
どうして…
ほぼ白紙答案の母が受かり
一緒に試験を受けた大学の友人が落ちた
とても頭が良く合格は確実と言われていた子だった
友人には婚約者がいた
彼の地元だから私絶対信州で教職とりたいの!
はいはい、お幸せに!!
県の採用試験に受からないとその県で教職につくことはできない
今まで自分が憧れ目指していた「教育界」とは一体何だったのか
この件ですっかりショックを受けた母は
村へ行きます止めないでください
親戚一同
卒業を待たず村へ入ることを決意

親戚の中には話を聞いて理解に努めてくれるおじさんもいたが
そうか…気持ちは分かったがきよちゃんの親父さんは許さんだろうな…
あいつは堅くて融通がきかないから…
母の父は一切聞く耳を持たなかった
膠着状態が続く中、村から双方の間に入って話をする村人が派遣された
やぁやぁ仲立ちしますよ
村人
ただ、この間に入った村の人のやり方がひどくて
あちこちで騒ぎを大きくした挙句地域・大学・家を巻き込んだ大騒動に発展してしまったの…
なんでそんな人が間に入ったの?
その村人の目的はできるだけ騒ぎを大きくして世間一般に村の名前を売ることだった
なんか当時そういう広め方があったんだって。良くも悪くも名前を売りたいっていう…
今で言う「炎上商法」だね
なんてハタ迷惑な…
話し合いはこじれにこじれ
訳の分からない怪しい団体へ娘が入ること、地域・一族への迷惑、間に入った村人の火に油を注ぐような対応
実直で真面目一徹に生きてきた父親には到底許せることではなく
今後一切敷居をまたぐな!!
母は勘当された

こうして村へやって来た母は父と出会うのです☆
いやそんな軽い話じゃないだろ
勘当ってよっぽどだよ?
うーんでも大学の奨学金も全て親に払わせちゃったらしいし…
えっ借金押しつけて行ったの!?
村は貧しくてとても払える状態じゃなかったらしい
落ち着いてから村から送った果物とかも全部送り返されちゃったようだし
母の弟が結婚した時には「姉は死んだ」ってことになってたらしいよ
そこまで!?
唯一味方をしてくれた親戚のおじさんと連絡はとれたが
母は自分の母親の死も知らされず葬式にも呼ばれなかった
反応はなかったみたいだけど年賀状は毎年送っていて
親と一緒に住んでいた時はそれに添えるイラストを頼まれたりしたよ
間接的にかやちゃんの絵が活躍!!
私小さい頃から「頑固だ」「言うこと聞かない」「ひねくれてる」って怒られて
自分でもなんで私はこうなんだろうって自分の性質を恨めしく思ってたんだけど

みょうに
こだわりが強くて
影響されやすく
頑固で
不器用で
世渡り下手で
思い込んだら一直線・・・
ふたりの話聞いて「あれ、これ遺伝じゃない？」
「遺伝じゃ自分にはどうしようもないな」って諦めがついたよ
遺伝子レベルで問題児…
ちなみに父の実家とはその後も交流があり
祖母が村へ遊びに来ることもあったし
親元ミーティングのたびに必ず村から九州へ電話をかけた
もしもし おばあちゃん？ そうかやだよ
伯父の結婚式にも行けたし今でもメールで連絡をとりあっている
村を出てひとり暮らしを始めた時
今度信州行くからその時お母さんの実家行っても良いかな？
村も出たし、一度挨拶だけでもできればと思うんだけど
と提案したら
そう…
母は
会ってくれるか分からないわよ？
と言いつつ地図を描いてくれた
ここが家ね あとここから見た景色がお母さんの原風景で…

おばあちゃんは多分もう亡くなってるから
いるのはおじいちゃんと叔父さん夫婦
奥さんにはお母さんのこと話してないと思うから、もし応対に出てくれたら「きよ子の娘です」って言ってみて
もしおじいちゃんに会えたら「本当に申し訳ありませんでした」って言ってたって伝えてね
会ってくれるかな…
父が結婚の挨拶に行った時の対応↓
塩まかれたらどうしよう…
ドキドキ
こんにちは！えーとお父さんかお母さんお家にいるかな？
お姉ちゃんだぁれー!?
いるよー!!
おおおおお私の従妹…!!
女の子はお母さんを呼んできてくれた
はい？
こんにちは、あの、きよ子の娘のかやと申します
え？
きよ子の娘のかやです。きよしさんいますか？
奥さんは何かに気付いたようで
…
ハッ
ちょっとお待ちくださいね
と言って叔父さんを呼んできてくれた
そうですか…娘さん…
はじめまして…
じいさんは畑行ってるからいないんだわ
「悪いね「敷居はまたがせるな」って言われてるから家にはあげられないけど…
はじめまして！
はい！あのこれ良かったら皆さんで…
今は村を出て東京で暮らしています。近くに来ましたのでご挨拶だけさせてください
母とよく似た目をした人だった

話を聞いてると ご両親は同じ年頃に 村へ入ってはいるけど
村に入ることになった 元々のベースが 全く違うよね
そうだね 父は元々 社会とか思想について 興味があって
お気楽次男
自ら進んで探し回って 村を見つけたタイプ だね
母は逆に全く興味の なかったジャンルに
しっかり長女
いきなりぶつかって ハマってしまったタイプ
小さい頃から、性格が全く違う 夫婦だなとは思っていた
おもしろい 村の中でも 結構自由に 考える方
悪ふざけ大好き
真面目 村の考えから 外れずその通り やろうとする
悪ふざけ 大嫌い
でも今でも仲良し だし、お似合いの夫婦 だと思うよ！
違うタイプだから 一緒にいると楽しい ってあるかもね
ふたりとも村に入らな かったら学校の先生に なってた訳で
そっちの道も 合っていたと 思うんだよね
良い先生に なったと思うんだ！
村に入らなかったら 私はいない訳だけど、両親が 先生になったところも 見てみたかったな

聞いてみたよ! かやの疑問その1
大学生が狙われる!?
ふたりとも大学生の時に村を知って入ったでしょ?
村に限らず宗教その他の勧誘も大学でされることが多いらしいけど
「大学生」に声をかけるのって何か意図があるの?
例えばインテリが必要だったとか…
別にそうではなかったと思うわ
お母さんが特講受けた時も学生より普通のご夫婦の方が多かったし
父ちゃんの時は時代背景もあって学生が多かったけど
サラリーマンが多い時代もあったよ
好景気で人手不足の時代、家と会社を往復するだけの毎日に疲れ自由な生き方や会社に縛られない暮らしに憧れて村へ来た人も多かった
それでもサラリーマンを含めある程度学歴のある人たちが入ってくるイメージがあるんだよね
中卒や高卒で実直に働いてる人は目の前のことに集中していてそういう思想世界にハマらないというか
そう考えると村人になるのって同じタイプの人が多いのかなって…
村に入る理由は人それぞれで決して同じタイプが集まる訳ではないと思うけど
サラリーマンの場合はストレスが原因だとして

「大学生」ってね
ポッと抜けてるのよ
一般社会から
ちょっと別世界に
いるの
そうそう！
大人なんだけど
まだ遊んでると
いうか
「高等遊民」とも
言ったりして
時間的な余裕があり
一番感度の高い時期で
常識にとらわれることなく純粋
だから大学で
色々な勧誘が
されるのかー!!
へー
大学で村に
引っかかった人たち
サラリーマンやめて村に
来た人たちは一般社会の
ストレスから離れたかった
人たちだから
両親が村を出て街で
普通の暮らしをすると言った時
信じられない
あんなストレス社会へ
行くのか
満員電車で会社へ
行って上司にガミガミ
言われるんだぞ!?
が…がんばれ…
と大分言われたそうだ
今でも村に残ってる人は
そういう人が多いんじゃ
ないかなー…

聞いてみたよ！ かやの疑問その②
ふたりは調整結婚なの？
で、大学生で村に入ったふたりが
村で知り合って結婚したんだよね！
村の結婚って私のいた時代だと「調整結婚」が有名で
若い女性が村の調整役の決めた中年の男性と結婚させられるってイメージがあるけど
お父さんたちの時代は「調整結婚」なんてなかったんでしょ？
だってふたりとも結婚したのすごく若い時で
お母さんは姉さん女房だし昔は年齢関係なく結婚できたってことだよね！
いや…それが…
もちろん年齢関係なく結婚した夫婦もいっぱいいたんだけど…
…
えっ何どういうこと!?
お父さんたちの頃にはもう「調整結婚」ってあったんだよね…
村の考えのひとつで一番「好き」な人でなく一番「合う」人と一緒になるっていう…
それでも感情の問題だから「どうしてもこの人と一緒になりたい」って人もいて
周りから「絶対やめとけ」って言われて「じゃあ村を出る」って離れていく人もいた
それくらい「調整結婚」は村の理念の中でもインパクトが大きいもので…

なのでもちろん父と母が結婚したいと申し出た時
異議あり!!
賛成する村人は誰もいなかった…
何でダメなの？若かったから？
それもあるよね 父ちゃん21歳で当時の一般常識としてもかなり早かったし
村内には父より歳上の未婚男性が大勢いるのに
仕事全然できない
図体ばかりでかい能天気男
駆けだし
こんなカバみたいな半人前に
素直
清純
お年頃
器量よし
モテモテ
お嫁さんにしたい女性No.1 我らがきよ子さんを盗られる訳にはいかない!!
非難の矢面に立ったのは父だった
まぁボロクソ言われたよね
面と向かって「結婚できる歳じゃねぇし仕事もろくにできねぇのに何だお前」とか
母ちゃんと一緒になるのに父ちゃんがどんだけ苦労したか…
お母さんは何も言われなかったの？
私はなーんにも!!
ただいろんな人から声がかかるから…

独身でいるとまわりの男性がソワソワしちゃって何か嫌だな
早く結婚しちゃいたいな
父の苦労母知らず…
まだOK出ないのかな
そうこうしているうち、父への風当たりはますます強くなり
とにかくあのカバをどこか別の村に飛ばして
その間にきよ子さんを誰かと結婚させちゃおうぜ
ヒソ ヒソ
配置替えだ!!
父の配置替えの話まで出てきた
村人は配置替えを指示されたら断れない
四面楚歌
あの人に頼んでみたらどうだ
あきらめるな!
追いつめられた父は友人の勧めもあり村の長老の元に出向いた
その人は父が村に入った時から何かと目をかけ可愛がってくれた優しいおじいちゃんで
おぉ元気にしてたか?
最近はどうだ?
実は…
長年村でやってきた人だった
父は知らなかったがそのおじいちゃんは村の中でも尊敬され一目置かれる存在で
そんな人が
ナニッ結婚したい人がいる?
良いじゃないか一緒になったら
好き同士が一番だ!
なんだったら仲人やってやるか?
快く太鼓判を押してくれたものだから
村人一同…
長老のお墨付きだと…!?
ザワ…
何も言えない雰囲気になる

へー！長く村にいるのに話の分かるおじいちゃんだね！
村ってお年寄り大事にするもんねー
まぁその人がそういう考えの人だったってことなんだけど助かったよね
だが結婚前に長老は倒れてしまった
ピーポーピーポー
絶体絶命
えっ…？
しかしなんとか話を進め
晴れて父と母の結婚式が執り行われた
ひさお君きよ子さん結婚おめでとう
勝手を押し通したから目立たないようにって地方の小さな村にふたりで配置替えになって
そこの広間で式を挙げた九州から母・兄・伯父など親戚も来てくれたよ
やっと!!
普通だったら絶対ダメになってた結婚だから
村的には「非合法」だよね
へー普通に認められて結婚したんだと思ってたー
結婚するなら一緒に村を出ないといけないって覚悟したもん
そんな話初めて聞いた！
良かったね無事結婚できて！

エピローグ
このあと、1冊目の『カルト村で生まれました。』につながるんだね
おつかれー
うん! お陰さまで村の話を通しで描くことができたよ
村の話を描き始めた頃
分量的に初等部時代で1冊、中・高時代で1冊、幼少期と村を出てからで1冊
3部作かな
なんて漠然と考えていた
実際に本ができて
初等部時代
カルト村で生まれました。
WEB連載時から大反響!!
中等部高等部時代
さよなら、カルト村。
村を出てから
お金さま、いらっしゃい!
幼少期…今さらだよね村を出た後の話まで描いちゃったし
4作目で出したのはカルト村と関係ない旅の本だし
少し諦めていたのだけど
幼少期の話ぜひ描いてください!!
マジ!?
!
旅の本が出た後ダメ元で聞いてみたら編集者さんにOKをもらえて
「待てば海路の日和あり」
物事にはちょうど良いタイミングがあるんだなぁと思った
ご両親に話も聞けたしね

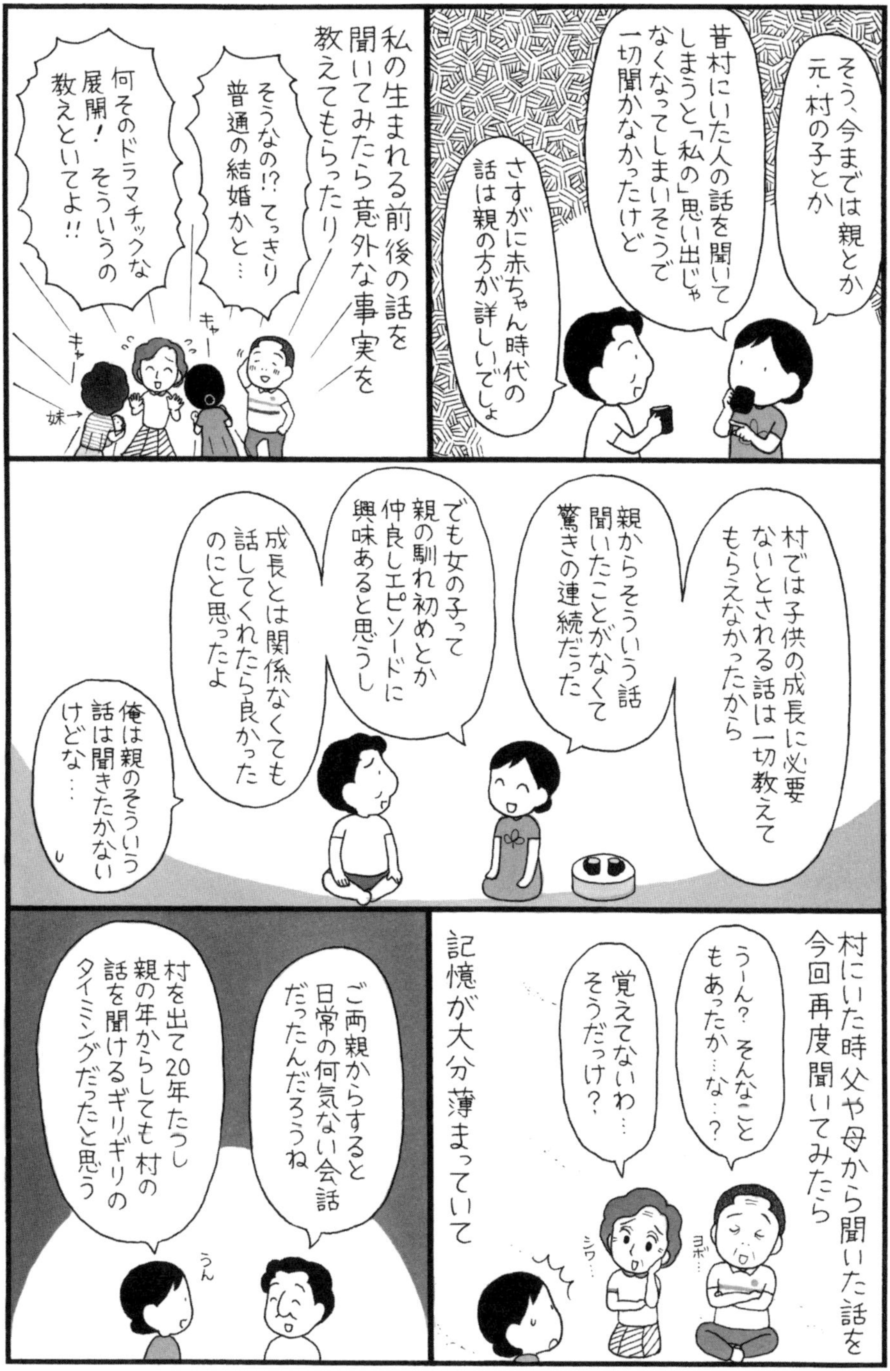
そう、今までは親とか
元・村の子とか
昔村にいた人の話を聞いてしまうと「私の」思い出じゃなくなってしまいそうで一切聞かなかったけど
さすがに赤ちゃん時代の話は親の方が詳しいでしょ
私の生まれる前後の話を聞いてみたら意外な事実を教えてもらったり
そうなの!? てっきり普通の結婚かと…
何そのドラマチックな展開! そういうの教えといてよ!!
キャー
キャー
妹→
村では子供の成長に必要ないとされる話は一切教えてもらえなかったから
親からそういう話聞いたことがなくて驚きの連続だった
でも女の子って親の馴れ初めとか仲良しエピソードに興味あると思うし
成長とは関係なくても話してくれたら良かったのにと思ったよ
俺は親のそういう話は聞きたかないけどな…
村にいた時父や母から聞いた話を今回再度聞いてみたら
うーん? そんなこともあったか…な…?
覚えてないわ… そうだっけ?
ヨボ…
シワ…
記憶が大分薄まっていて
ご両親からすると日常の何気ない会話だったんだろうね
村を出て20年たつし親の年からしても村の話を聞けるギリギリのタイミングだったと思う
うん

ご両親が村人だったことでかやちゃんも村で暮らすことになった訳だけど
「村にいる」ということに不満とか疑問は抱かなかった?
確かに村にいたことで一般とは違う暮らしだったけど、生まれた時からそこにいるとその環境が当たり前になっちゃうんだよね
そんなもんだと思ってたから特に疑問はなかったよ
親が村で暮らしている理由も
世界中の人が幸せに暮らせる快適でよりよい社会を作るためだよ!
子供心に立派だと思った
子供同士の暮らしは親に干渉されない気楽な面もあったし
生まれた時から否応なく集団生活だったことで身についたものもあったと思う
どこで生まれようと親に人生左右されない子供なんていないし
両親が自ら選んだ場所で幸せに仲良く暮らしてるなら私の居場所もここしかないと思っていた
かやちゃんにとっては村だろうが一般だろうが自分の親がどこにいるかが重要だったんだね
子供だし生まれた場所が村だからその部分は変えられないとずっと思っていて
だから出てくるのは不満ではなく

ここにいるならこうしようという意志だけだった
子供は産まない
大人の思い通りにはならないし
子供の気持ちを忘れた大人にもならない
小さい頃の記憶を持ったまま大人になるということは
幼少期の思考パターンをなくさず大人になるということで
私は今でも子供っぽい行動をしてしまうし考え方も未熟で
はいはい行くよ
あれは子供だけだよ
風船ほしい…
大人はあまり信用できないし少し怖い
でも子供は大好き！いると思わず目で追っちゃうし
小さな子が親御さんと一緒にいるだけですごく幸せな気持ちになる
子供が笑ってると見てる方まで嬉しくなるよね
さて、このお話はここまでです
長々とお付き合いいただき、ありがとうございました!!
それではこのへんでーさようなら!!
大人になった少女はその後もマイペースに日々を楽しみ幸福に暮らしましたとさ
おしまい

あとがき

本作を読んでいただいた皆様、ありがとうございました。この本でカルト村シリーズはひとまず完結となります。

私のコミックエッセイを楽しみにしてくださっていた読者の皆様や、アナログ原稿の調整に苦労をおかけした印刷所さん、デザインを担当してくださった大久保さん、飽きっぽくすぐ後ろ向きになる私のお尻を優しく叩き続けてくれた編集者の臼井さんと馬場さん、毎日おいしいご飯を作ってくれたふさおさん、全ての人がいて完結まで描き続けることができました。応援してくださった全ての方に感謝申し上げます。

一作目の『カルト村で生まれました。』に続き、今回も父方の伯父に方言指導をお願いしました。伯父からも当時の話を聞けたことで、作中の両親編「カルト村で出会いました。」がより多角的な話になったと思います。父から聞く父の話と伯父から聞く父の話は視点が全く異なったものでしたし、きっと母から聞いた話も家族や友人など第三者の視点が入ると大分違う話になるでしょう。それは私の思い出も同じなのだろうと思います。私という色眼鏡をかけて

覗いたカルト村の世界はいかがでしたでしょうか。
昔のことをよく覚えているので、恥ずかしかった出来事を思い出してうめくことも多いのですが、それ以上にお世話になった人や優しくしてくれた人のことをよく思い出します。カルト村シリーズは、子供時代の私から懐かしい人たちへ送る感謝の手紙でもあるのかもしれません。
描きたいものと求められているものとの差に惑い、本を作る上で必要な技術に悩みながら、必死に描き続ける中で、自分は絵を描いて人を喜ばせるのが好きだったのだと改めて思い出しました。
村での様々な思い出と字の練習、授業中に描いていた落書きや点描、社会人になってから勤めた会社で担当したドレスに装飾をつける作業やパソコン操作……、「人生でしてきたほとんどの経験が目の前の原稿に全て生かせているのではないか」と感じる数年間でした。
貴重な体験をさせていただき本当にありがとうございました。
プリンカップ・お椀・ミニトマトの容器・靴下の型崩れ防止の厚紙・揚げ物の油切り網など身近なものが思わぬ形で作画に使えたように、本を描いた経験もまたどこか意外なところで使えたら面白いなと、今後がとても楽しみです。

高田かや

「あわてんぼうのサンタクロース」（作詞：吉岡治　作曲：小林亜星）
「ビューティフル・サンデー」（作詞・作曲：ダニエル・ブーン、ロッド・マックイーン
訳詞：亜美ゆう）

ブックデザイン　大久保明子

高田かや
東京在住、射手座、B 型。生まれてから 19 歳まで、カルト村
（農業を基盤としたコミューン）で共同生活を送る。
村を出てから一般社会で知り合った男性と結婚。
村での実体験を回想して描いた作品を「クレアコミックエッセイルーム」に
投稿したことがきっかけでデビュー。著書に『カルト村で生まれました。』、
『さよなら、カルト村。 思春期から村を出るまで』、『お金さま、いらっしゃい！』
『うまうまニッポン！　食いだおれ二人旅』がある。

カルト村《むら》の子守唄《こもりうた》

2021 年 11 月 10 日　第 1 刷発行

著　者　高田《たかだ》かや

発行者　鳥山 靖

発行所　株式会社　文藝春秋
〒 102-8008 東京都千代田区紀尾井町 3-23
電話　03-3265-1211

印刷所　図書印刷
製本所　図書印刷

ISBN978-4-16-391465-7
Printed in Japan